# 大爱无言 情暖人间

## 亲情力是最丰富的动力来源

主编 拾月
编著 冯雪

**图书在版编目（C I P）数据**

大爱无言 情暖人间：亲情力是最丰富的动力来源 / 冯雪编著. -- 北京：现代出版社, 2015.4
ISBN 978-7-5143-3535-4

Ⅰ. ①大… Ⅱ. ①冯… Ⅲ. ①家庭关系－青少年读物 Ⅳ. ①C913.11-49

中国版本图书馆 CIP 数据核字(2015)第 067948 号

大爱无言 情暖人间：亲情力是最丰富的动力来源

**主　　编** 拾 月
**编　　著** 冯 雪
**责任编辑** 王敬一
**内文制作** 诚美天下文化传播有限公司
**出版发行** 现代出版社
**地　　址** 北京市安定门外安华里 504 号
**邮　　编** 100011
**电　　话** (010)64267325
**传　　真** (010)64245264
**邮　　箱** xiandai@cnpitc.com.cn
**网　　址** www.1980xd.com
**印　　刷** 三河市华晨印务有限公司
**开　　本** 700mmx1000mm 1/16
**印　　张** 9
**版　　次** 2015 年 5 月第 1 版 2021 年 4 月第 3 次印刷
**书　　号** ISBN 978-7-5143-3535-4
**定　　价** 29.80 元

# 前言

青少年是社会最宝贵的财富，是人类的希望和未来，正所谓“少年强则国强”。正因为如此，大至一个国家、一个民族，小至一个家庭、一个家族，都特别重视青少年的教育问题。希望他们成为社会的中坚，家族的骄傲。一句话，就是希望他们成为成功的人。于国，能成为有用的人才；于家，能成为顶梁柱。不仅仅要学习好，还要有辨别人世间的善、恶、美、丑的能力。在每个人的人生中，除了需要自身的因素之外，还需要拥有感受世界的能力。

宽容、谦虚，能够扩大一个人的朋友圈，不一意孤行，让青少年变得愈加稳重成熟。

真诚力、信任力，能够树立自己的影响力，赢得朋友的支持，更好地去展现自己。

亲和力、亲情力，能够明白人情世故，收获来自故友和亲人的帮助和支持。

友情力、精神力，能够学会珍惜，积极进取，带上快乐去开拓自己的人生。

方法、团结，能够让人少走弯路，众志成城地去凝结前进的力量。

青春，是每一个人最美好的一段时光，也是每个人人格、性格定型的重要阶段，在这个时期，我们需要享受青春的快乐，同时也需要完成自我塑造。通过心理自助，最终从一个小男生、小女生逐渐成长为一个有着健全人格的人，成长为一个对社会、对家庭、对自我有着相对完整认知的人，成长为能够为自己的未来做主的人。这才是一个最充实、最有价值的青春。每个梦想都值得我们认真对待，每个青少年都是未来的希望。在青春之中，我们不仅要有欢乐，同时也要拥有未来！

本丛书是你化解烦恼的“心灵鸡汤”，可以给你增加快乐的心理自助法则；本丛书会让你认识到：掌控心理，方能掌控世界；改变自己，才能改变一切。本丛书还将告诉你：只有实现积极的心理自助，才能收获快乐而充实的青春。

# 目录

## 第一篇 温馨港湾，心灵的归宿

## 第二篇 情感纽带，内心中永恒的牵挂



## 第三篇 平和包容，家和万事兴

# 目录

## 第四篇 母爱似水，大爱无边



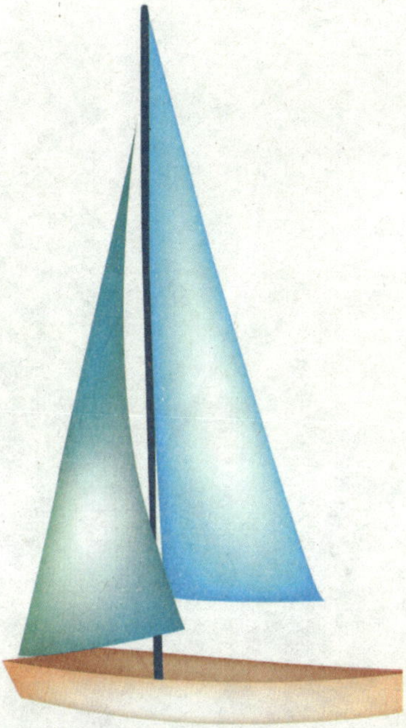

## 第五篇 父爱如山，大爱无言

第一篇

# 温馨港湾，心灵的归宿

家庭，对于每个人而言都是最重要的。在我们的一生中，亲情、爱情和友情，缺一不可，而其中亲情更是一生之中都不会错失的情感来源。家，是每个人最温暖的港湾，哪怕外面是暴风骤雨，我们仍然能够回归到家庭中，感受最属于家庭的温馨。

# 动力来源，家庭让我们更勇敢

## 6 故事话题

爱因斯坦被评为“20 世纪最伟大的物理学家”之一，他对人类的贡献有目共睹，但在他小的时候，发育非常慢，在他 3 岁之前，根本就不会说话，甚至有很多人都说爱因斯坦是傻瓜。

但是爱因斯坦的父母却从来都不这样认为，他们仍然给这个看上去不太聪明的孩子最好的照顾，并竭尽所能地教导他。

后来，爱因斯坦到了上学的年龄，可是在学校里，老师常常会找到爱因斯坦的父亲，告诉他：“你的孩子智商可能有些问题，将来可能会一事无成。”可是父亲仍然不放弃自己的孩子。

爱因斯坦在报考苏黎世大学时，因为成绩差而名落孙山，这时候的他内心非常沮丧，也开始怀疑，当初老师和邻居等人的话是不是真的，自己是不是真的在智商方面有缺陷。他的父母看出了他的担忧，便鼓励他。

在这种氛围中，爱因斯坦终于重拾信心，最终成为了伟大的科学家。

## 故事解析

对于一个孩子而言，家庭就是他的一切。孩子在外面受了委屈、工作不是很顺利、事业遭到重创，首先想到的就是家。家庭，不仅仅带给每个人丰衣足食，同时也是我们内心世界的动力来源。

社会不比家里，常常会遇到一些自己不愿意碰到、带着负能量的事情，这些我们都不能够避免。可是，无论我们在奋斗道路上多么艰难，也都不会轻言放弃，首先是对自我价值的坚持，还有一点同样不能够忽视，那就是对家庭的责任。

每个人都要承担自己应该担负的责任，在一个家庭中，各自的角色早有分工：父母要承担起养家的重任；小孩子的重点则是学习，学习做人；晚辈人则是要充分享受晚年生活，这就是一般家庭的组成。每个成员都需要为了自己的责任去奋斗，尽管忙碌和疲倦，但都心甘情愿，因为家庭给了我们无穷的能量。

## 故事穿越

四川资阳有一个女孩叫作王艳，和普通小女孩不同的是，她没有一个完整的家庭，父母在她几岁的时候就离异了，父亲的身高不足1米，就是在这种环境中，王艳艰难地成长着。

因为父亲的缘故，王艳自幼就常常受到同学们的歧视，甚至父亲也非常没有信心。看着别人家的孩子到了发育期，越来越高，可是王艳长到了1.5米之后就不再长高了。父亲知道，孩子一定是受到了自己身高的影响，心里非常难过。可是王艳却生性乐观，她常常安慰父亲："谁说个子矮将来就不幸福了？再说了，女孩子1.5米也可以了，你就别再担心了。"

在学校里，王艳刻苦读书，尽管她没有一个完整的家庭，更没有一个富足的环境，可是她从来都没有对生活失去信心。她内心中一直有一个愿望，就是凭借自己的努力让父亲拥有一个幸福的晚年。王艳的精神感动了很多人，后来她的故事入围了中国慈善总会和香港亚视电视台主办的"感动2005，中国十大真情故事评选"。

## 故事微语

曾经有这样一句话：“幸福的人总是拥有一样的幸福，可是不幸的人却又有各自的不幸。”王艳虽然有着不幸的童年，可是父亲却依靠着自己不足1米的个子为她撑起了一片天地，给她无穷的力量。

每个人都有属于自己的家庭，或者是父母给予的小天地，或者是自己和爱人共同创造的温馨世界，正是因为有了家庭，让我们更知道肩膀上的责任。

相信有很多人都有过类似的经历：当我们在外面感到辛苦和疲倦，或者是受了委屈而难过，有很多时候都想要放弃，可是一想到父母期盼的眼神、在家里要承担的责任，我们就有如神助，能够坚强地面对，这就是家庭给予我们的无形的力量。

## 心灵箴言

家人有时是你最大的动力！

——关喆

爱是真正促使人复苏的动力。

——[德] 歌德

感情虽然难以控制，却是一种强大的动力。

——[美] 爱默生

今是生活，今是动力，今是行为，今是创作。

——李大钊

# 强大后盾，最温暖的避风港

## 故事话题

法国著名的政治家、外交家、作家戴高乐一生之中最疼爱的人便是他的小女儿安娜。在 1928 年，戴高乐的妻子遭遇了一场重大车祸，此时她已经怀有身孕，为了治疗，她服食了一些对胎儿有不良影响的药物，导致了安娜一出生就被查出患有严重的先天性智力障碍，这对于戴高乐一家而言，无疑是一个沉重的打击。

但是戴高乐和他的妻子都不愿意放弃这个女儿，尤其是妻子更是心怀内疚，她总是说，如果自己当初能够注意点，女儿也不会变成这样。

一些亲戚得知了这个消息之后，就对戴高乐说，不如把孩子送到残疾儿童院吧，毕竟戴高乐本人已经是营长，工作很忙，单靠妻子一人，压力会很大的。可是戴高乐不同意，他对妻子说："女儿没有要求地来到了这个世界，我们就应该尽一切力量让女儿高兴！"妻子也非常赞同，就这样，安娜在父母的疼爱下成长。

为了更好地照顾女儿，戴高乐走到哪里都将安娜带在身边。可是安娜的病情并没有半点好转，她的智商永远停留在 2 岁小孩的水平，只能口齿不清地说几个简单的单词，除了饥饿什么都不懂。后来，戴高乐升任上校，担任坦克团团长的工作。在那个时候，希特勒已经暴露了自己的狼子野心，戴高乐便开始加强法国国防部的工作。可即便是在这种情况下，戴高乐每天完成训练之后，也会回到军营的家属区，看望并照顾安娜。

为了给安娜营造一个温暖、安全的港湾，戴高乐和他的妻子每天都花费大量的时间照顾女儿，尤其是在二战爆发之后，每次敌机轰炸，妻子都将安娜紧紧地搂在怀里，生怕她被这炮火惊吓住。二战结束之后，戴高乐一下子成为全国闻名的英雄人物，有很多媒体又将闪光灯对准了戴高乐一家，尤其是特殊的女儿安娜。为了保护女儿，戴高乐甚至拔出腰间的手枪，准备和记者“搏斗”。

在这样悉心的照顾下，安娜在1948年离开了人世，对于女儿的死，戴高乐和他的妻子非常悲痛，并且将自己所得的稿费全部用于救助和安娜患有同样疾病的孩童身上。

## 故事解析

对于安娜而言，她的世界非常简单，简单到只有父母的陪伴，可是在她的世界里，却仍然感觉到了无限温暖。

家庭对于每个人而言，都是一个温暖的避风港，同样也是最强大的后盾。人生并不是一条绝对通顺的康庄大道，也不会是一帆风顺的旅途，无论是坎坷，还是荆棘，都需要我们用积极的心态去面对。可是积极的心态从何而来呢?

其实，对于绝大多数人而言，他们的梦想和奋斗的动力都来源于家庭。在孩子很小的时候，在他们的三观尚未真正成熟的时候，很多人都这样说过："长大了，我要赚很多很多的钱，让爸爸妈妈住上大房子，开很漂亮的轿车，让他们想干什么就干什么。"尽管童言无忌，可这句话也同样反映出孩子内心中最真实的想法，所以当我们成人之后，所做的很多努力都是在完成这个最初的梦想。

当我们在外面受了委屈，家于我们就是温暖的怀抱，以始终如一的姿态迎接着我们的归来；当我们在外面感到了疲倦，家于我们就是甜蜜的负担，却带给我们无穷的力量去面对人生的种种挑战。

## 故事穿越

1898年5月1日，正是美国的马尼拉湾大战开始的日子。在整装待发的舰艇上，指挥员们命令士兵们脱去衣服，准备这一次的行动。就在这个紧张的时刻，一位弹药手突然跑了过来，请求舰长让他将衣服捡回来。

舰长顺着他手指的方向望去，原来在刚才这名弹药手脱去了衣服之后，他的衣服被风吹到了船外，落在了海面上。舰长皱了皱眉，便说道："大战即将开始，我怎么能够因为你一个人而影响到全局呢？回去！"

弹药手根本就不管舰长的话，他跑到这艘船的另一头，顺着梯子爬下去，然后跳进海里，奋力游泳，这才抓住了衣服。然而，他同样也因为违反了长官的命令而被戴上了镣铐。

等战斗结束后，海军准将杜威听说了这件事情，他很好奇，究竟是什么重要的东西能够让这名弹药手不顾一切地去捡回自己的军装，而视军令于不顾呢？于是他到监狱里去看望这名弹药手。

弹药手听到杜威将军的讯问后，还没来得及回答，便失声痛哭。直到情绪平复之后，他才哽咽地讲出隐情：原来，他的父母得知他即将上战场的消息之后，特意从家里寄了一张全家福给他，他每天都要看上好几遍，似乎这张照片就是他的全部情感寄托。那一天，他刚刚亲吻了这张照片，就将它放在了上衣口袋中，没想到那个衣服被风刮到了大海里。

杜威将军听完他的话之后，立刻将这名弹药手释放，后来他感慨地说："一个冒着生命危险去抢捞自己家人照片的孝子，在这艘舰艇上是不能被戴上镣铐的。"

## 故事微语

对于这个年轻的战士而言，在即将展开的激烈的战斗的时候，这张全家福对他的意义非常重大，甚至可以用自己的性命去捍卫。

在热播的电视剧《亮剑》中，原独立团团长孔捷曾经这样对自己的战士说：“记住你之所以抗日，是为了你爹、你娘、你妹子，和那些父老乡亲们！”那些战火纷飞的特殊时期，有很多人因为心中的信仰而参加了革命，同样也有很多人是为了保护家园不受到侵害而拿起了武器。

面对死亡、面对流血、面对敌人的炮火，保卫亲人就成了心中最强大的支撑。换言之，在人生的旅途中，无论经受什么挫折和坎坷，只要心中想到了亲人，身体和心灵就仿佛是有如神助，再大的困难都不会让我们失去对生活的信心，这就是亲情的力量！

## 心灵箴言

在家庭中，孩子最微小的欢笑，就是使父母认识统一能得到巩固的伟大精神动力。

——[苏联] 苏霍姆林斯基

我没有别的方法，我就有爱；没有别的天才，就是爱；没有别的能力，只是爱；没有别的动力，只是爱。

——徐志摩

情感和愿望是人类一切努力和创造背后的动力，不管呈现在我们面前的这种努力和创造外表上是多么高超。

——[美] 爱因斯坦

# 休养生息，时刻为自己充电

## 故事话题

央视著名的主持人白岩松曾经主持过《新闻周刊》《感动中国》《新闻1+1》等节目，以其“轻松、快乐、富有趣味”的主持风格，深受观众喜欢。但是在很长的一段时间里，白岩松因为感到巨大的压力而开始变得郁郁寡欢。

一天晚上，他的妻子在半夜醒来，发现白岩松并没有躺在床上，她便走到客厅去找，却发现丈夫独自坐在黑暗的客厅中，怎么叫他都不理睬。

妻子知道丈夫平日里压力非常大，新闻工作者高强度的工作量、丈夫追求完美的个性，这些都是她心里非常清楚的。为了缓解丈夫的压力，她背着丈夫找到了自己大学时期的同学——专门从事心理学研究的医生。医生建议她，多陪伴丈夫，让丈夫感觉到这个家需要他，让他感受到家庭的温暖。

为了让丈夫调理好自己的心情，她想尽各种方法，让白岩松放松心情：有的时候，是将双方父母从老家接到北京，享受天伦之乐；有的时候，是周末一家三口共同到郊外游玩；有的时候，就是在家里做好丰富的晚餐，感受家庭的温馨……

在这段时间里，白岩松从来都没有主动去想过工作方面自己应该如何去做，身上也没有了曾经的重压，于是所谓的“抑郁症”就这样不治而愈。

## 故事解析

白岩松在事业上成为行业内的佼佼者，是很多新闻专业学生的榜样和偶像，可他和普通人一样，也会拥有很多属于自己的烦恼，也会因为压力而感到抑郁。在这种时候，家庭就成为他放下重担休养生息的地方。

每个人的一生都在不停地奋斗着，为了自己的梦想、为了收获成功、为了妻子能够过上幸福的日子，为了让自己的子女不输在起跑线上。但是我们同样不能忽略，人的身体并非是一台不停运转、不会出错的机器，总会感到疲惫、劳累和压力。

当人们沉浸在这种负面能量之中时，其中最重要的一个精神寄托和心灵家园便是我们自己的家庭。家庭，并不仅仅是我们力量的来源，同样也是供内心休息的场所，它能够用温暖安抚我们身体上的疲倦，能够用美满抚平我们心灵的创伤，也能为我们的身心充电！

## 故事穿越

2005 年的那个夏天，“超级女声”成为当时最火爆的选秀节目，其中诸多位年轻的歌手都成为一代人心目中的偶像，冠军李宇春、亚军周笔畅、季军张靓颖等等。其中较为特殊的便是周笔畅。

在选秀结束之后，周笔畅很少参加商业演出，而她拒绝出席这些商业活动的原因是她坚持要完成自己的学业，不愿意被那些繁重的演出所牵连。

然而，一边是非常繁重的演艺事业，一边是她内心非常期望坚持到底的学业。在这个时候，周笔畅的父母给了她支持和意见，他们认为，周笔畅喜欢的是音乐，她现在学业还没有真正完成，如果想要继续自己的音乐道路，最重要的是学习，而非是参加那些商演。音乐圈有太多昙花一现的歌手，想要坚持，首先就是要充实自己。

听了父母的话，周笔畅决定和天娱公司解除合约，虽然支付了相当高昂的违约费用，但是周笔畅从不感到后悔。经过了几年的时间，周笔畅不仅仅能够自己作词、作曲，也更加丰富了自己的音乐作品，完成了最初的音乐梦想。

## 故事微语

如果没有家庭的支持，如果没有父母的开解，或许周笔畅当初就没有那样的勇气和天娱公司解约，也就无法坚持自己的音乐道路。

每个人在为了自己的梦想奋斗的时候，坎坷、选择和迷茫都会如影随形，但同样，奋斗并不仅仅是单纯的付出，同时也有很大的收获。比如我们会学到前辈积累下来的经验，比如我们会听到父母在工作、学习方面的经验教训。

俗话说："家有一老，如有一宝。"这里所谓的"宝"并不简单地泛指孝顺，更重要的是，这个老者会将自己这一生最珍贵的财富无条件地传授给自己的后辈，无论是自己学会的知识，还是做人的道理。所以，当人生出现了挫折和苦闷，不要只顾着埋头苦干，回到家中听听长辈的意见，哪怕是他们曾经走过的弯路，或许都能给予我们人生的启迪。

## 心灵箴言

感情淡薄使人平庸。

——[法] 狄德罗

情无定位，感触而兴。

——徐祯卿

笑是感情的舒展，泪是感情的净化。

——柯灵

智慧不仅是创造文化、获得幸福的原动力，同时也切不可忘记它又是产生破坏、把人推向悲惨和苦恼的深渊的原动力。

——[日] 池田大作

# 感悟生活，柴米油盐也温馨

## 故事话题

电影《桃姐》是著名香港导演许鞍华在 2012 年推出的一部在平淡中感动观众的电影，尤其是桃姐和罗杰那段不是亲人却胜似亲人的感情，让在快节奏、都市化生活中的我们也感受到了什么叫作真正的亲情。

桃姐是罗杰家中的佣人，她还是个十几岁的小姑娘的时候，就已经进入罗家工作。她看着罗杰出生，陪伴着罗杰成长，挖空心思做罗杰最爱吃的几道菜肴，无论这些菜肴是多么费时费力，她都照做，就连罗杰生病做手术的时候，也是桃姐守在病床边上，替代着罗杰已经移民美国的母亲的工作。

但现如今，桃姐老了，她因为中风晕倒导致身体行动不便，于是决定辞职。可是她没有过婚姻，更没有子女，独自一人又能去哪里呢？桃姐请求罗杰给她找一个便宜些的养老院，准备到那里去度过晚年。

罗杰走访了很多个养老院，终于决定在自己老友这里给桃姐安排一个床位。尽管工作繁忙，罗杰每次回港，有空的时候就回到养老院去看望桃姐，并且将她接出来逛街吃饭；每次养老院其他老人询问罗杰和桃姐的关系，罗杰都会善解人意地回答说："这是自己的干妈！"桃姐却始终带着一点点佣人的自制和冷静。

罗杰是电影制片人，有一次他为新电影做电影发布会，他特意邀请了桃姐作为家属参加。桃姐得知之后内心非常开心，她取出收藏已久的名贵衣服出发赴会。在首映礼上，桃姐大开眼界，见到了很多电影明星。罗杰对别人介绍道："这是我的干妈！"在这一刻，桃姐和罗杰之间又有谁能说不是亲情呢？

## 故事解析

尽管在片尾处，桃姐仍然因为多次中风而过世，可是在她最后的这段岁月中，罗杰却用自己的善良和体贴始终陪伴，两个人的感情也在这份陪伴中升华。

生活，就是一个七日，接着另一个七日，往大了说，就是在为了实现自己的人生价值而奔波，可是在一个家庭中，更为关键的则是每日的柴米油盐酱醋茶。或许有人会说，这些都只是生活中的点点滴滴，可正是这些点点滴滴支撑着我们，也是这些点点滴滴，才让一个家有了家庭应有的温暖。

感悟生活，因为生活能够让我们懂得什么才是最珍贵的。人的一生中，最珍贵的东西往往就是用金钱、成功、荣誉都无法换取来的亲情。

## 故事穿越

2005年春节晚会上，郭达、蔡明等人表演的小品《浪漫的事》，在小品中，蔡明和郭达扮演了一对结婚已经二十周年的夫妻，两个人决定在二十周年结婚纪念日这一天浪漫一次，可是面对着已经熟悉得不能再熟悉的妻子，丈夫怎么都喊不出那句“我爱你”。妻子心里非常不满，决定要重温一次谈恋爱期间第一次到丈夫家拜访的情景。

尽管婆婆和已经十多岁的儿子频繁出来捣乱，但妻子和丈夫都明白在这二十年的时间里，要维持这样一个家庭两个人都付出了无比的艰辛。

丈夫握着妻子已经不再光滑的手，说道：“虽然你的手粗糙了，可是咱们家却亮了。”

妻子抚摸着丈夫已经谢顶而光滑的额头，说道：“虽然你的头发掉了，可是咱们家却充实了。”

在小品的结尾，丈夫终于说出了那句“我爱你”，虽然没有年轻谈恋爱时候的激情，却充满了岁月沉淀下来的宁静和温馨，而远处，婆婆拉着孙子也同样幸福地看着家里的两个顶梁柱。

## 故事微语

这则小品其实反映出了大多数中国家庭的现状，中国人大都讲究天伦之乐，当一个家庭成立的时候，也就意味着两个家庭的融合、两个家族的融合。虽然在这个中间会出现大大小小的矛盾，也会有舌头碰到牙齿的时候，但是我们不能否认的是，当一个家庭温暖平和了，人的心才会宁静下来，静静地体会出生活的真谛。

生活，就如同这柴米油盐酱醋茶，有酸有甜，偶尔还会有些苦涩，但是正是有了这些感受调剂着我们的生活，才让我们能够觉得自己是在活着，有滋有味地活着。

## 心灵箴言

努力学习，勤奋工作，让青春更加光彩。

——王光美

必须如蜜蜂一样，采过许多花，才能酿出蜜来。

——鲁迅

人生有两出悲剧：一是万念俱灰；另一是踌躇满志。

——[爱尔兰] 萧伯纳

人的生命，似洪水奔流，不遇着岛屿和暗礁，难以激起美丽的浪花。

——[苏联] 奥斯特洛夫斯基

人的一生应当这样度过：当回忆往事的时候，他不致于因为虚度年华而痛悔，也不致于因为过去的碌碌无为而羞愧；在临死的时候，他能够说："我的整个生命和全部精力，都已经献给世界上最壮丽的事业——为人类的解放而斗争。"

——[苏联] 奥斯特洛夫斯基

# 化解矛盾，让亲情更加纯粹

## 故事话题

电视剧《红梅花开》中为我们讲述了这样一个故事：宋红梅是军队中的一位工程师，她常年在基地中繁忙地工作，从而忽略了女儿的成长。女儿始终都是和外婆、爸爸一起生活，因为外婆和母亲的愿望，她也进入军队成为文工团的文艺兵，可是她心里最大的梦想是成为一名真正的纪录片导演。

突然，宋红梅的丈夫出了车祸导致半身不遂，为了照顾家庭，宋红梅只好放弃了自己的工作，调到老干部干休所里工作，可直到这个时候，家庭中的种种矛盾才逐渐浮出水面。

因为她常年在外，和女儿根本就没有过正常的沟通，每次见面都是吵架，而这母女二人都是脾气非常倔强的，谁也不肯服软。有一次无意间，宋红梅得知了女儿早已不在文工团里工作了，已经成为某个影视公司的导演，她非常生气，认为女儿做什么事情都不和家人商量，可是女儿却说，自己已经长大了，自己的人生要自己决定。

但是，由于资历尚浅，女儿刚刚进入社会，就被坏人骗了，还间接导致自己的恋人发生意外过世。一向争强好胜的她根本无法面对自己失败的状况，于是她也想到了轻生。宋红梅发现了女儿的异常，立刻赶到了女儿身边，并用自己的身体保住了女儿，自己却因为伤势过重而危在旦夕。直到这个时候，女儿才理解母亲的良苦用心，母女两个人冰释前嫌。

## 故事解析

每个人的人生都有着属于自己的想法，也会有自己处理事情的方法，但是在表达自己内心的愿望的时候，却总是常常会犯下这样的错误：越是和亲近的人，越容易将自己心中的不满和怨气发泄出来，甚至不曾顾及他们是否能够承担。对待朋友、对待亲人，甚至是对待父母也常常如此。

其实这是最错误也是最糟糕的解决方法，或者说是发泄途径。在这个世界上，只要有理解和包容，那么一切都不复存在；在这个世界上，有了亲情，那么一切矛盾也都能够迎刃而解。没有什么事情是无法解决的，再难解开的结都会随着时间和沟通烟消云散。所以，不要将矛盾隐藏在心中，而是要学会如何去化解矛盾，只有这样，才能收获温馨的亲情。

## 故事穿越

冯小刚导演的电影《唐山大地震》一经上映就获得了超高的票房成就，其中最令人感慨的就是方澄和母亲之间情感的变化。

1976 年唐山大地震之前，方澄、方达和自己的父母一直都过着非常幸福的日子，虽然有时候方澄会觉得母亲有些偏心弟弟，但同样她也非常喜欢自己的弟弟。但是在 7 月 28 日深夜，这一个幸福的家庭却遭到了最严厉的打击——地震。

地震瞬间就将他们家变成了废墟，父亲因为救母亲而遇难。方澄和方达则被压在了一块石板下的两个位置。救援队达到之后，很快就发现了这个情况，他们迅速找到母亲，将实际情况告知给她，并让她迅速作出决定。

母亲心里非常危难，她一直央求救援队，能不能想想办法两个孩子都救出来，可是救援队因为设备有限，时间紧迫，他们根本就不能保证，只能一再地说："一块石板压着两个孩子，救援队只能往一头撬开石板，那样势必会有一个孩子受到伤害，甚至是失去性命。"母亲只好含泪地说："救儿子。"而此时，方澄听到了母亲的话，想到了以往母亲的偏心，她内心荒凉得就如同这片废墟。

然而因命运之神的眷顾，方澄并没有死去，甚至身体上也没有受到太多的伤害，可是她内心的创伤却始终没有办法弥补。后来，方澄被一对军人解放军夫妻收养，改名王澄。由于从小受到这些经历，她和养父母之间的关系也非常微妙，一方面她很感激养父母对自己的养育之恩，另一方面她又非常清楚，在远方，她还有一对亲人。

2012年512汶川地震发生，方澄立刻参加了志愿者队伍，没想到竟然在这里遇到了自己的弟弟，她选择了和弟弟回到老家看望母亲。没想到的是，母亲根本就没有离开曾经居住过的地方，在地震之后，这里得到了重建，她就立刻回到原来居住的地方，想要在这里守候着丈夫和女儿。在一番肺腑之言之后，方澄终于理解了当初母亲的为难，其实不管当初她选择的是方澄，还是方达，她的内心世界也从此一片虚无。

## 故事微语

一场灾难，不仅仅让母亲失去了丈夫，同时也失去了女儿。尽管方澄仍然活在世上，可是她却选择了逃避，甚至一厢情愿地认为，母亲因为偏心弟弟，才会做出那样的决定。直到她愿意化解这个矛盾的时候才赫然发现，自己曾经错得多么离谱。

在这个世界上，无论是母女、父子，甚至是夫妻之间，都会产生矛盾，这不过是由性格差异、三观不同以及所受教育程度等等造成的，只有当内心过分看中这些矛盾时，才会将矛盾逐渐放大，从而失去了包容之心。

但是一味地看重矛盾而不去想方设法化解，是无济于事的。化解矛盾，不仅仅是给对方一个机会，同时也是在给自己一个机会。亲情，是人类最不能缺少的情感来源，所以想要珍惜亲情，就请化解矛盾，让这些随风烟消云散，才能够雨过天晴，收获更加清朗的明天。

## 心灵箴言

亲善产生幸福，文明带来和谐。

——[法] 雨果

我们体贴老人，要像对待孩子一样。

——[德] 歌德

年老受尊敬是出现在人类社会里的第一种特权。

——[法] 拉法格

在子女面前，父母要善于隐藏他们的一切快乐、烦恼和恐惧。

——[英] 培根

一个人如果使自己的母亲伤心，无论他的地位多么显赫，无论他多么有名，他都是一个卑劣的人。

——[意] 亚米契斯

第二篇

# 情感纽带，内心中永恒的牵挂

任何人的一生之中，都会遇到亲情、友情和爱情。亲情教会了我们如何成长；友情让我们的生活更加丰富，爱情则是温暖一生的陪伴。这些情感，成为我们一生中最重要的牵挂，让每个人从幼年到青年，从子女变为父母，而改变这一切的，都是情感作为纽带，联系着远方的亲情。

# 一通电话，离家千百里，关爱犹存

## 6 故事话题

曾经在中央电视台滚动播出过这样一则公益广告：远在大城市打拼的儿子，常常会在固定的时间给老家的父母打电话，父母每次接通之后，就会说："家里都挺好的，我们身体也挺好的，你就不用再担心我们了。"

远方的孩子也习惯性地报喜不报忧，常常说的都是自己的项目成功了，老板很欣赏自己，同事们和自己关系也不错。要么就是说自己吃的也很好，谈恋爱的对象对自己非常体贴等等。

父母同样如此，可是知子莫若父母，知父母也莫若子女。孩子心中当然知道，父母这一生都非常节俭，所以他一再地在电话里强调，让父母不要心疼钱，吃点好的，有空出去玩玩，身体哪里不舒服了就要赶紧去医院看病，不要拖着，更不要心疼钱。而父母也常常叮咛，孩子不要光顾着工作，也得注意身体，钱是赚不完的，够花就行。

尽管只是一部电话，却联系了隔着千山万水的父母和子女的心。

## 故事解析

现如今随着生活节奏的加快和社会的进步，有太多的子女都选择背井离乡，来到大城市打拼事业、忙碌生活。对于他们而言，一年之中或许只能趁着十一长假和春节假期能够回到父母的身边，可是还要除去走亲戚、见老友等时间，这样算下来，我们能够陪伴父母的时间屈指可数。在这种情况下，电话就成了父母和子女之间唯一沟通的方式。

远在异乡的你是否有过这样的感受，每当我们身心疲惫的时候，哪怕电话那头的父母只是唠叨着一些家常，我们也会露出笑容，仿佛一切的辛劳都值得了，其实这就是亲情的力量。

尽管我们和父母之间相隔甚远，可是一根电话线却能够让我们缓解了思念之情。古有书信往来，现有电话情缘，但不管是哪一种方式，都在表达着子女和父母之前的关爱，都在传递着一份浓浓的亲情。

## 故事穿越

1999 年，一首歌曲红遍了祖国的大江南北，这就是《常回家看看》。歌曲的 MV 拍摄得非常感人：正值除夕，老两口做了一桌子非常丰盛的菜肴，期盼着子女能在今天回到家中吃上一顿团圆饭，但是这几个子女都坚持在自己的工作岗位中，他们只能通过电话给父母拜年，并且说明自己不能回家吃饭了。

老两口心里非常失望，但他们还是怀着一线希望继续张罗着菜肴。子女们自然也是从电话那头听到了父母的遗憾和失望，于是又拿起电话通知自己的爱人和孩子们，决定回到父母家去过除夕。

做交警的儿子连忙脱掉制服，坐着公交车回家；做大夫的女儿脱掉了白大褂打车回到了父母的家中；而他们的爱人也带着孩子赶回了爷爷奶奶家。

当春节联欢晚会已经播出的时候，老两口孤零零地坐在饭桌前，以为就会这样冷清地度过一年一度的除夕，然而让他们没想到的是，几个子女先后回到了家中，家里又变成了一团和气的模样……

## 故事微语

中国的家庭向来不是只有父母和子女，还有爷爷奶奶、姥姥姥爷、姑姑叔叔、舅舅婶婶，这才是一个带着浓郁中国味道的家族。在平日里，家族里的各个成员都有着自己归属的家庭，可是却也不能忘记了相互之间的交流。

很多人常常认为和亲人之间的沟通日渐薄弱的最关键因素，就是因为自己太过忙碌，但实际上，再忙碌的人都能够拿起电话，联络一下久未谋面的亲人。

亲情虽然是一种血缘关系的界定，但同样也需要沟通和维护，人和人之间只有多沟通、多交流、多联络，才能达到情感的联络，才能成为彼此的亲人，并不单纯地依靠着血缘关系来界定。

如果有时间，不妨拿起电话，哪怕没有什么事情，也能够唠唠家常，这才是亲人。

## 心灵箴言

孝子之养也，乐其心，不违其志。

——《礼记》

父母之所爱亦爱之，父母之所敬亦敬之。

——孔子

孟武伯问孝，子曰：“父母惟其疾之忧。”

——《论语·为政》

孝有三：大尊尊亲，其次弗辱，其下能养。

——《礼记》

父母之年，不可不知也。一则以喜，一则以惧。

——《论语》

# 注重沟通，不向亲人紧闭心门

## 故事话题

赵本山曾经表演过这样一个小品叫《小九老乐》，讲述了这样一个故事。

老乐是出了名的妻管严，常常成为街里街坊的笑话，但是每次他在外的时候，都很喜欢逞威风，美名其曰男性的尊严。这一天，他又在外面和别人吹牛，说自己的媳妇如何如何听自己的，谁知道媳妇竟然就在身后。

媳妇并没有理睬他的行为，而是非常生气地把他叫回了家。老乐看到妻子这样怒气冲冲的，不明所以。妻子问他："你是不是背着我干啥事了？"

老乐连忙装糊涂，说："没啥事啊。"

妻子气得一拍桌子："我告诉你，我都知道了！我不仅知道了，还把钱要回来了！"

原来老乐的前女友最近得了重病，他知道之后，就去医院看望了她，并且留下几百块钱。他非常生气地说："你咋还能把钱要回来呢！"

妻子非常心痛地说："我和你结婚这么久了，我什么人你还不知道吗？去看望她、给她留点钱你至于这样瞒着我吗？你直接告诉我，我会拦着吗？原来在你心里，我就是这样的人啊！"

老乐也连忙说："我不是怕你生气吗？你一生气就犯头疼病，疼起来恨不得拿头撞墙，那我看这不也难受吗！"

经过夫妻俩人这样一沟通，妻子也不再埋怨丈夫，丈夫也终于明白妻子原来是一个知书达理的好媳妇。

## 故事解析

虽然这不过是一个小品，却也反映出很多家庭中亲人相处的模式：有很多时候，亲人虽然在一个屋檐下共同生活，却各自修行，全然忘却了沟通的重要。

沟通，能够避免很多矛盾的产生，同时也是将自己真实想法告知给亲人的方法。每个人的内心都是一个封闭的世界，而沟通就是打开这个世界大门的钥匙，当我们能够敞开心扉去面对家人，就会赫然发现，其实有很多问题都已经在不知不觉中迎刃而解。这一点无论是夫妻间、父子间还是亲友间，同样都非常重要。

沟通是一种良性的交流过程，如果一味地强调自己的感受，或者过分抵触他人的意见，那么内心就无法做到平静和理智地看待问题，那么无论如何都无法体会到别人的良苦用心。而真正的沟通就是要抛开一切的顾虑，真实地反映出自己的想法，无论是正确还是错误，都给对方了解自己的机会，难道不是更好的解决方法吗？

## 故事穿越

由冯巩主演的电影《没事偷着乐》讲述了天津市一个小人物的辛酸苦辣。张大民家兄妹五人，连同一位老母亲就住在一个只有二三十平方米的小房子里。狭隘的空间导致这六个人每个人都有自己的发泄渠道：母亲因为父亲过世的缘故，一遇到不顺心的事情就要吃冰块；大民是靠着耍贫嘴排遣内心的苦闷；二民则是吊儿郎当，什么都不往心里去；三民生性倔强，是典型的刀子嘴豆腐心，而她和大民之间的矛盾最大；四民是个性格内向的女孩，什么都憋在心里；五民则是一心只读圣贤书，两耳不闻窗外事。

原本一家子的生活相安无事，但是自从张大民决定娶媳妇而开始了种种矛盾，矛盾的根源就在于家里太小了。但是大民却用自己的小聪明，在院子里面盖了一个十平米的“婚房”，实现了自己“少花钱多办事”的原

则。紧接着，二民娶媳妇，小房子又被一分为二。但是这两个接踵而至的变故让三民心里非常不舒服，她总是觉得两个哥哥有了媳妇忘了娘，所以平时的言谈举止中总是带着炮火。

后来，三民决定远嫁到山西太原一个小矿主家，临走之前，她叫住了张大民，告诉他自己之所以有这个选择，一方面是因为自己年纪大了，不好总是赖在娘家，二则就是因为家里实在太憋屈了，希望她走了之后，大家都能过得宽松一些。

几个月之后，三民带着自己的丈夫回到天津，原来两口子患有不孕不育症，张大民听说后，立刻放下手头的工作，带着自己的妹夫跑前跑后，还安慰他们不要着急等等。直到这个时候，三民和大民之间才算是化解了矛盾。用张大民的话说：“亲兄妹俩哪能有隔夜仇？”

## 故事微语

沟通，是人与人交往的一座桥梁，也是一根纽带，无论对方是亲人、友人，还是爱人，如果没有了沟通，那么即便是两个人生活在同一个屋檐下，也形同陌路。而有了沟通，无论双方是隔着海、隔着山，都能够交流感情。

有些人总是有这样的误区，认为亲人之间不需要过多的沟通，更无须去解释什么，但实际上，任何关系都经不住这样的消耗。亲人，在字面上的定义往往是有着血缘关系和姻亲关系的，但是这并非就等于说，亲人之间没有误会，相反，很多时候最大的误会就来源于亲人之间。

每个人做事情都有自己的固有思维和眼光局限，这些都是我们封闭在自我世界中的表象，认为亲人也一定能够理解自己的所作所为。可是如果没有适当的沟通，亲人之间的矛盾才是最让人感到无能为力的。所以，多和亲人之间进行沟通和交流，让彼此拥有一个了解对方的机会，这样一来，亲情自然会变得和谐而美好。

## 心灵箴言

在交谈中，判断比雄辩更重要。

——[西班牙] 格拉西安

愈坏的消息，应该用愈多的气力沟通它。

——[美] 安德鲁·S.葛洛夫

做一个好听众，鼓励别人说说他们自己。

——[美] 戴尔·卡耐基

最理想的朋友，是气质上互相倾慕，心灵上互相沟通，世界观上互相合拍，事业上目标一致的人。

——周汉晖

# 多多陪伴，四世同堂的快乐

## 故事话题

老舍先生的小说《四世同堂》讲述了在动荡年代中一家人的悲欢离合。日军侵略中国之后，住在北平城里的祁老人一生中最大的心愿就是四世同堂，想要一个圆满的寿宴。但无奈的是，日军侵略的脚步已经到了北平城外。

祁老人这一生历经坎坷，经历过八国联军侵华的事件，经历过清朝覆亡，政权更替，但是他常常这样说："打吧打吧，反正三个月之后也就过去了。"但是在他的心里，最在意的始终是这个完整的家。

他是一个内心传统的老人，最看重的便是家庭，他努力维系着祖孙几代人之间的和谐和稳定，也极力想要粉饰太平。尽管在一个动乱年代中，他的愿望终究会破灭，可是他却成为中华传统中最具代表性的老者之一。

## 故事解析

在中国的传统认知里，分为大家和小家。顾名思义，小家也就是指夫妻二人建立的属于自己的小世界，而大家则是包含了整个家族。尽管现如今独生子女的家庭越来越多，可是这种传承下来的固有认知仍然左右着中国人的习惯和思维。

从各种团圆节日的举家欢聚，到大事小情的家庭会议，这些无不体现出中国人对于家庭和睦的种种重视，而这一切的背后都只有两个字——亲情。

一个家族的构成，往往分为三部分主力军：老者——他们通过一辈子的奋斗和为家庭的付出，在整个家族中有着德高望重的地位，但尽管如此，往往这样的老人更愿意享受天伦之乐，带着小孙子们一同玩耍；孩子——整个家庭未来的希望，每一个孩子在成长过程中，都需要父母、亲人的陪伴，只有在爱的世界中成长，才能让一个孩子真正的人格和心智都健全，这也是最不容忽视的原因；中坚力量——老者的子女、孩子们的父母，他们往往已经在社会上站稳了脚跟，但我们不得不承认，每个人的能力有限，在面临的危机中，他们同样需要和亲人们商量对策。

陪伴，并不仅仅是子女对父母所做的事情，同样也是对自己的下一代要做到的承诺，陪伴，是亲人之间真情最好的流露方式，也是最能体现温暖的相处方式。

## 故事穿越

电影《飞越老人院》讲述了这样一个令人倍感心酸的故事：在老人院里居住的几乎都是身患重病的老人，他们因为各种原因被子女送到老人院生活。

老周因为中年丧偶，又再度结婚，于是和儿子之间的关系越来越疏远。后来老伴去世，老伴的亲生子女给了他一笔钱，将他赶出了自己家。老周的孙子马上就要买房结婚了，他原本是想将这笔钱送给孙子，算是做爷爷的一点心意，可是儿子却冷言冷语地将他赶出门外。

万般无奈之下，老周只好找到了好友老葛，被安排住进了老人院。在这里，他认识了很多和他有同样心境的老人，他们大多数都成为了子女的负担，虽然表面上都乐呵呵的，但实际上都很希望能够子孙满堂。

一次偶然的机会，老葛发动其他老人参加一个电视选秀的节目，可是院方因为担心老人们的身体而果断拒绝。老葛并不甘心，原来他已经身患绝症，可是却有一个遗憾：他的女儿，长时间以来杳无音讯，这次的选秀比赛如果拿了冠军，就能到日本去进行决赛，他想要借着这个机会找回自己的女儿。老周和其他人决定帮助老葛参加比赛，甚至乔装一番逃离了老人院。

院方很快便发现了这次集体“出逃”事件，院长、老周的孙子和其他几位家属连忙去追，最终在一个郊区发现了他们的身影。老周将老葛的故事说给院长听，院长表示非常理解，并且表示如果不能打消老人的念头，她必须作为医疗人员跟随左右。

在去参加比赛的途中，老周和自己的孙子敞开心扉，讲述了多年埋藏在内心的愧疚和对他的想念，孙子终于明白了这份难以割舍的祖孙情。尽管最终老葛没能完成自己的心愿，但是这一份浓浓的亲情令所有人都为之动容。

## 故事微语

经过成百上千年的演变，人类已经习惯了群居生活，相信任何一个人都无法像鲁滨孙那样在一个封闭的环境中独自生活在一个没有人烟的荒岛上。所以在家庭中，除了相互关怀之外，还有另外一层含义，就是陪伴。正是因为有了陪伴，人们才拥有抗拒孤单的力量，才拥有温暖的来源。

在很多老人的心中，子女最大的孝顺并非是要给自己多少金钱，也绝非是任何物质方面能够满足的，最重要的孝顺实际上就体现在精神世界的陪伴上。有太多的公益广告也都是在体现这个内容。而对于子女而言，陪伴更是帮助他们树立真正人格、正确的价值观、人生观的重要因素。

陪伴，就好比是两个灵魂相互依偎，让彼此内心都得到了安全感和宁静，这就是陪伴的力量，也是亲情的凝聚。

## 心灵箴言

孝子之至，莫大乎尊亲。

——孟子

惟孝顺父母，可以解忧。

——孟子

父子有亲，君臣有义，夫妇有别，长幼有叙，朋友有信。

——孟子

老吾老，以及人之老；幼吾幼，以及人之幼。天下可运于掌。

——孟子

事，孰为大？事亲为大；守，孰为大？守身为大。不失其身而能事其亲者，吾闻之矣；失其身而能事其亲者，吾未闻也。孰不为事？事亲，事之本也；孰不为守？守身，守之本也。

——孟子

# 节日团聚，亲情同样需要维系

## 6 故事话题

几乎在每一年春节联欢晚会中，都会有这样一个环节，叫作“回家过年”。在这个温暖人心的短片中，我们能够看到那些在外打工的人们，或者坐火车，或者自驾摩托车，穿越在一条条高铁或高速公路上。

其中有一家三姐妹在外地工作，每年都是三姐妹带着丈夫、孩子自驾摩托车回家。正值严寒，有的道路路面非常不好走，可是为了回家，她们都在坚持着。最令人感动的便是她们刚刚走到村口，家里的亲戚早已准备好了热茶、零食，只要一听到有摩托车的声音，老母亲就连忙探身出去观望，想看看是不是自家的孩子回来了……当她们的身影终于出现在村口的时候，年迈的父母和几个亲戚立刻出门迎接。她们经过几天的长途跋涉，终于在年三十这一天的晚上赶回了家，和家人们吃上了一次“团圆饭”。

在镜头面前，姐妹几人说道：“在外面辛苦了一年，过年了当然是想要回家团团圆圆的，一大家子凑在一起，这才叫过年！”

福

## 故事解析

中国有很多个节日，从传统的春节、元宵节、端午节，再到现如今引进的父亲节、母亲节等等节日，但是却有三个节日展现出家庭凝聚力，这就是春节、元宵节和中秋节。因为这三个节日无一例外地都代表着团圆，两个在年初，一个在年中，足以见得古人们对于家庭的重视。

节日对于常年在家和在异乡打拼的人的意义并不相同，对于在家的人们而言，春节这类的节日不过就是聚会的别称，平时都繁忙的亲戚们在这个时间里联络联络，沟通感情；而对于那些在异乡打拼的人而言，春节就意味着一年一次的回家。有太多的人为了能够赶在除夕那一天回到家里，陪着父母吃上一顿团圆饭，彻夜在火车站售票点排队。

虽然现如今有很多人都在感慨，春节的年味儿是越来越淡，这当然要归结于人们生活水平的日益提高，但是春节仍然有一种现象没能改变——那就是归乡的人的旅途。

## 故事穿越

一到过年，有很多网友都在感慨：“为什么现在的年味儿是越来越少呢？”

在很多人的童年记忆中，过年就是“穿新衣、戴新帽、吃美食、放鞭炮”，可是随着社会的进步，大家每天都能够吃到美食，新衣服也成为生活中的必需品，过年究竟还有什么能够让人感到欣喜的呢？

纪录片《舌尖上的中国》曾经拍摄过一个渔民的春节团圆饭，因为是渔民，每年年三十的团圆饭都是全鱼宴，由女婿掌勺做大厨，其他亲戚帮忙打下手。孩子们吵吵嚷嚷地想要放鞭炮，老渔民独自上街去买春联、福字。忙活了大半天，终于在傍晚时分，一家人热热闹闹地围坐在桌前。一家之主老渔民首先端起酒杯，致了贺词，紧接着，一家子也都端起酒杯，庆祝这个团圆的夜晚。

## 故事微语

有人曾经在网上发个帖子问过这样一个问题，春节对于大家最重要的意义是什么？不少网友都只回复了两个字——回家。

回家，就是整个节日中最让人感到舒心的。试想一下，常年在外、远离故土和亲人的人，到了一个全然陌生的环境中打拼，付出了自己的汗水和努力，只为了换回家人的幸福和生计。或者这些人平日里就是在工地里、在超市中、在饭馆里做着非常平凡的工作，可是到了春节的时候，他们就会拿出自己最好的衣服，梳洗干净，让自己以一副风光的样子出现在老家。这就是春节的含义。

亲人，并不仅仅是一个简单的称呼，更重要的是要相亲相爱，情感上要建立沟通的桥梁。节日就是给了大家这样一个团圆的机会，让我们放下工作上的烦恼，忘记往日的不快，围坐一团，和和气气，这才是美满的生活。

## 心灵箴言

事其亲者，不择地而安之，孝之至也。

——庄子

孝子不谀其亲，忠臣不谄其君，臣子之盛也。

——庄子

贤不肖不可以不相分，若命之不可易，若美恶之不可移。

——《吕氏春秋》

天地之性，人为贵；人之行，莫大于孝，孝莫大于严父。

——《孝经·圣至章》

礼者，断长续短，损有余，益不足，达爱敬之文，而滋成行义之美也。

——荀子

# 品味幸福，平平淡淡才是真

## 故事话题

美国总统奥巴马在参加竞选的时候，因为政务繁忙，很少顾及家里。有一天，他正在印第安纳州出席一场竞选集会，突然听说祖母病重，于是他迅速停止了拉票活动，动身前往夏威夷探望自己85岁高龄的祖母。有人劝他说，让他等这场拉票活动结束再动身，毕竟现在已经是竞选的紧要关头，但是奥巴马却连连说道："母亲临终时，自己不在她身边，这次一定不能犯同样的错误。"

好在祖母虽然病重，但是在医院里却抢救了过来。事后，奥巴马在接受ABC电视台访问的时候，特意对观众们说道："自从祖母病重的消息传出来之后，有很多关心她的人给她打过慰问电话，也送过鲜花，这让她非常高兴。"

随后，媒体又问道："当时的那场拉票活动距离最终竞选的日子不足两个星期，在这个紧要关头，你竟然停止了拉票活动，会不会担心这样会影响自己的政治前途呢？"

奥巴马回应道："我相信大部分人都会谅解。如果我们连家人都不关心，更不可能会去关心他人。"

## 故事解析

无论是政治生涯方面，还是完成梦想方面，奥巴马都绝对算得上是一个人物，可是对他自己而言，再光明的政治前途都不及自己祖母的生命重要。尽管最后他在回答媒体刁钻的提问的时候显得非常有智慧，可实际上，在他作出决定的瞬间，只有一个力量支撑他，那就是亲情的召唤。

幸福对于每个人的定义都不尽相同，但是在奥巴马的心中，他心中的幸福就是在祖母病重的时候，他能够陪伴在身旁，即便是在竞选最关键的时期，也不能改变他的决定。

而幸福对于很多普通人而言，更重要的就是平平淡淡。或许有人会认为，如此平淡的生活，日复一日、年复一年，多么枯燥和乏味，但实际上，正应了那句话：没有事情发生就是最好的日子。因为在这份平凡中，包含着最深刻的幸福。

## 故事穿越

曾经有一部大型的情景喜剧火爆荧屏，这就是120集电视连续剧《我爱我家》，这部电视剧每一两集讲述一个发生在家里非常具有轰动效果的故事，比如亲家母到我家，比如和平下海经商，比如圆圆追星圆梦，再比如小保姆恋爱等等。

这些故事充满了匪夷所思的笑料，让观众们在笑声中度过，并且体会到这个家庭虽然会出现一些小矛盾，但实际上却仍是和睦共处，温暖无比。

其中最有意思的就数最后两集，题目就叫作“我爱我家”，讲述了一个剧组竟然将贾家的这些事情搬上了荧屏，为了搞清楚，整个家庭都跑到了剧组中，他们不仅将故事的整个细节重新描述出来，那些点滴也在他们心头重新回味了一遍。直到这个时候，他们才恍然得知，其实这就是属于他们家的幸福。

## 故事微语

每个家庭都会出现矛盾，在电视剧《我爱我家》中同样也展现出了这一点。无论是老贾同志和儿媳妇和平，还是和平和小叔子贾志新，又或者是小孙女圆圆和父母、爷爷之间，都会发生各种矛盾。但不是有那样一句话吗，矛盾其实就是解决问题的润滑剂，只有将矛盾爆发出来，才能意识到哪里发生了问题。

幸福，对于一个家庭而言，并非是粉饰平和，也绝非是假装和睦，而是要发自内心地关爱对方，体会亲情带来的温暖，尽管日子中尽是柴米油盐的琐碎和平平淡淡的点滴，可是当我们蓦然回首的时候，才会真正感悟出，其实这些才是生活中的真谛。

## 心灵箴言

幸福在于为别人生活。

——[俄] 列夫·托尔斯泰

要记着，幸福并不是依存于你是什么人或拥有什么，它只取决于你想的是什么。

——[美] 卡耐基

人类之所以感到幸福的原因，并不是身体健康，也不是财产富足；幸福的感受是由于心地诚直，智慧丰硕。

——[古希腊] 德谟克利特

那些为共同目标劳动因而使自己变得更加高尚的人，历史承认他们是伟人；那些为最大多数人们带来幸福的人，经验赞扬他们为最幸福的人。

——[德] 马克思

第三篇

# 平和包容，家和万事兴

俗话说，家和万事兴。家和，是一个家庭的凝聚力，当一个家庭能够和睦共处的时候，任何一个成员都会从内心中体会亲情的温暖；家和，是一个家庭力量的来源，当一个家庭能够拥有一个目标的时候，任何一个成员都会感到有如神助；家和，更是中华民族几千年来传承的美德，当一个大家族真正团结起来的时候，那么他们就会懂得亲情究竟是什么！

# 包容至上，宽容是一种智慧

## 6 故事话题

在中国古代的周朝时期，有一个叫闵子骞的苦命人。他很小的时候，母亲就过世了，后来，父亲再娶。继母嫁到他家之后，很快就给闵子骞添了两个小弟弟，一家人也算是比较和睦。

几乎和每一个关于继母的故事一样，自从继母生下两个儿子之后，她就开始天天挑拨闵子骞和父亲之间的关系。闵子骞心里非常清楚，但他却并不计较，仍然将继母看成自己的亲生母亲。

有一年冬天，天气非常寒冷，继母为三个孩子都准备了棉衣，两个亲生儿子的棉衣用了上好的棉花，非常暖和，而闵子骞的棉衣用的却是芦花。芦花是水中生长的芦草的花，丝毫没有御寒的作用。所以闵子骞的棉衣看起来很厚，可是风一吹就透了。

于是，闵子骞每天穿着这样的棉衣，常常都被冻成透心凉。父亲看到这个情况就觉得很奇怪，怎么穿了这样厚的衣服，还能冻成这样呢？继母就挑拨说，是因为闵子骞不想干活，所以才假装冷。父亲就在心里埋下了疑问。

有一天，父亲要外出办事，让闵子骞帮着他驾车。马车飞驰起来，没多一会儿，闵子骞的双手就冻僵了，根本拉不住缰绳，马匹没了缰绳的控制，立刻开始横冲直撞起来。费了很大的力气才控制好了马匹，父亲非常生气，扬起手中的马鞭，打了闵子骞一下。结果闵子骞的棉衣被打破了，里面的芦花就飘了出来。

直到这个时候，父亲才明白，原来一切都是继母搞出来的，她在虐待自己的孩子。盛怒之下的父亲冲回家中，决定休掉这个恶毒的女人。闵子骞一听，连忙跪倒在父亲的身边，劝说道：“母在一子寒，母去三子单，请不要赶走母亲。”

听到闵子骞这样说，父亲的怒火也渐渐熄灭，而继母也深感愧疚。在此之后，他们一家五口生活得非常和睦。

## 故事解析

闵子骞对待继母怀着一颗包容的心，尽管继母对他并不好，甚至可以说是在虐待他，但是在父亲面前，他却选择了包容。一句“母在一子寒，母去三子单”，不仅让父亲改变了决定，同时也让继母认识到了自己的错误。

闵子骞的孝顺，是不忍看到父亲失去妻子，不忍看到自己年幼的弟弟失去母亲，正是出于这样的感情，他选择了宽容。

孝顺，让我们更懂得珍惜，珍惜身边每一个关心我们的人。父母、兄长、亲人、朋友，因为珍惜这些人世间最美好的情感，我们的人生也处处充满了爱。

孝顺，虽然是一种美德，但与此同时，也让我们感受到这个世界上最纯真的真善美，它已然不再只是一种品行，更是人间大爱。

孝顺，让我们更懂得宽容的真谛，能够用一颗包容的心去包容世间万物。有时候我们会遭到父母的责骂，但他们的出发点是为了子女好，只是方式方法用错了。这样的爱，难道不值得我们去包容吗?

## 故事穿越

汉朝有个叫姜诗的男子，他的妻子庞氏是个非常孝顺的女子。由于婆婆不喜欢喝井水，所以她每日都到几公里外的江边去挑水；因为婆婆喜欢吃鱼，她就常常买来鱼做给婆婆吃。

有一天，庞氏又去江边挑水。突然遭遇狂风大作，在江边挑水的庞氏只好先到一间破庙避一避，想等风小一点的时候再回家。

姜诗回到家中之后，并没有看到妻子，就以为自己出去做工的时间里，妻子都不在母亲面前照顾，就非常生气。等庞氏一回到家，他就将妻子赶了出去，婆婆说情他也不听。

万般无奈之下，庞氏没有了能去的地方，就只好先寄居在邻居的家里。可是她知道婆婆的口味、喜好，又担心自己的丈夫根本就无法照顾好婆婆，于是就在邻居家昼夜纺纱织布，用这些赚些银两，并且用这些银两买来鱼肉，做好后又托邻居给婆婆送去。

邻居看到庞氏已经沦落到如此境地，仍然在心里记挂着丈夫和婆婆，毫无怨言，就将事情原原本本地告诉给姜诗。他听完之后，非常愧疚，连忙把妻子接回家中。

在庞氏回到家中的那一天，院子里的那口井突然涌出泉水，味道和江水一模一样，不仅如此，每天还会有两条鲤鱼跳出来。自此之后，庞氏每日不用去江边打水，就能更好地照顾婆婆了。

## 故事微语

“涌泉跃鲤”是《二十四孝》其中的一个历史典故，姜诗是个孝子，而他的妻子庞氏更是一个懂得孝顺的媳妇。因为孝顺，姜诗每日辛勤劳作，希望能够给母亲买鱼；因为孝顺，庞氏即便是受了委屈，也并没有因此而埋怨。

尽管这个故事在流传的过程中加入了一些神话色彩，但是也表现出世人对孝子的尊敬，希望能够给他们一个完美的结局。

包容，在一个大家族中是非常重要的品质，有了包容，就好比是齿轮之间有了润滑剂，即便是发生了些许的摩擦，也能够迅速圆滑过去。

包容，是不在乎自己付出的大爱。家庭中并非是计较个人得失的地方，常言道，家，就不是说道理的地方，什么时候把道理都说破了，那么家也就没了家味儿了。

## 心灵箴言

宽容是文明的唯一考核。

——[美] 海尔普斯

欲温而和畅，不欲察察而明切也。

——《晋书》

爱人者，人恒爱之；敬人者，人恒敬之。

——《孟子·离娄下》

和以处众，宽以待下，恕以待人，君子人也。

——林逋

# 体谅难处，每个人都有自己的不得已

## 故事话题

晋代道士吴猛是净明道信仰体系里十二真君之一，历史上以孝道著称。关于吴猛孝顺，最著名的就是“恣蚊饱血”。

吴猛家里非常贫寒，到了夏天，他们家里连蚊帐都买不起，南方的蚊子个头很大，常常将吴猛一家咬得睡不好觉。年仅 8 岁的吴猛看着父母没有休息好的黑眼圈，很是心疼，觉得父母为了家务操劳一天，到了晚上还无法好好休息。

第二天晚上，吴猛想了一个办法，他脱光了衣服，坐在床头。小孩子的皮肤和血液相对来说，比较能够吸引蚊子的注意。很快，蚊子就都聚集在他的身上，但是吴猛却并不赶跑蚊子，而是让它们饱饱地“吃”上一顿。

等天亮了，他的身上已经被蚊子咬了很多包，等父母醒来，他才用草药去涂抹自己身上被蚊子咬的包。

## 故事解析

吴猛是个非常孝顺的孩子，当他看到每日辛勤劳作的父母因为蚊子而无法好好休息的时候，就只好想出这样一个方法。

其实在一个家庭中，难免会遇到一些不如意的事情，比如和父母之间发生了争执，又或者和其他家庭成员发生些不愉快，其实这些都是无法避免的。可是当我们内心中能够体谅对方的难处时，那么这一切都将烟消云散。

什么叫作亲人？亲人，就是你的血脉、你的手足。每个人都有自己的立场和处理事情的方法，或许这一切都并非是我们愿意发生的，但是当我们用心去体会别人的难处的时候，自然也就不会再过多的去计较。

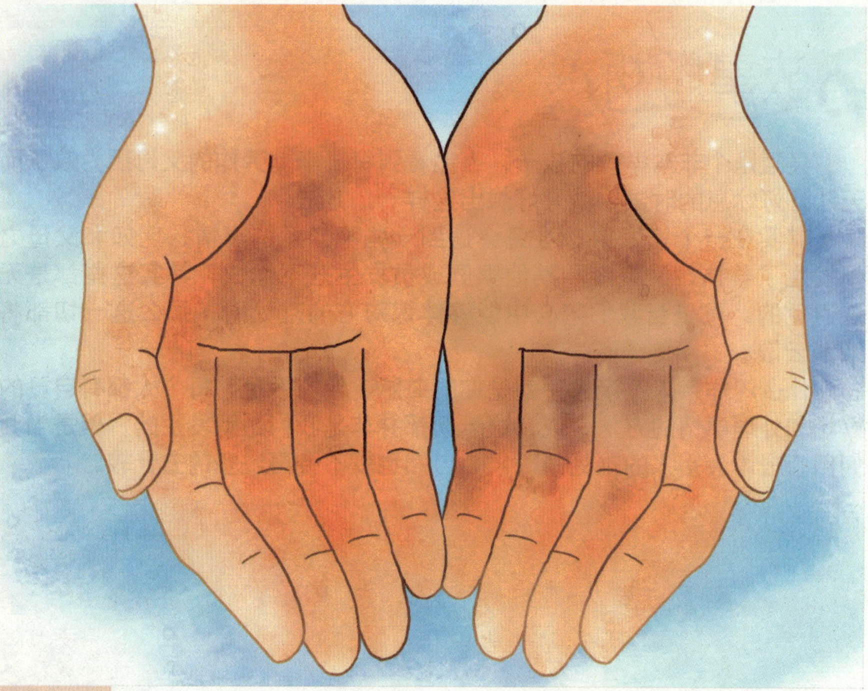

## 故事穿越

著名演员梅婷，出生于一个普通的家庭里。在1988年，梅婷考取了解放军艺术学院前线歌舞团舞蹈班，班上的同学都是年龄相仿的孩子，其他女孩因为家境较好，常常会买来一些漂亮衣服和化妆品。可是梅婷却从来都不去买这些。

有一年，梅婷的妈妈来到学校看望女儿，没想到看到其他女孩子都打扮得如同公主一样，自己的女儿却穿着非常简朴的衣服。母亲非常内疚，觉得是自己的没本事，才让女儿在学校里像个灰姑娘。

梅婷却不以为然，她反过来安慰母亲，说道："您为了培养我，已经花费很多了，我才不要和她们攀比这些，如果要比，还是比专业成绩吧。"

母亲听到梅婷这么懂事，心里非常欣慰。

后来，梅婷主演了一系列影视作品，《血色童心》《红色恋人》等等，也渐渐有了一定的知名度。直到这个时候，她开始孝顺自己的父母，不管自己工作多忙，她每天晚上都要打电话给父母报平安；不管自己多么疲倦，她都陪父母聊聊天。一有空，她就将父母接到自己身边来，推掉所有工作，专心致志地陪着父母四处旅游，体会这种难得的闲暇时光。

## 故事微语

梅婷出身在一个非常普通的家庭中，她的父母没有为女儿提供良好的经济条件，但是梅婷内心却非常理解父母，尽管生活在名利场内，却从来都不埋怨父母，因为她心里知道，父母早已经将最好的物质全都给了自己。

在我们的生活中，永远都能看到父母不舍得吃一口好的，却将最好的全都用在孩子身上，哪怕自己再苦再累，只要看到孩子的脸上露出笑容，他们都会倍感欣慰，这就是伟大的亲情。

多多体谅自己的父母，或许他们只是生活中最平凡的一员，他们或许没有过高的社会地位，没有过于丰厚的家底财产，更没有值得炫耀的某种资本，但是在这个家庭中，他们仍然在尽心尽力地为子女撑起一片蓝天。

多了一份体谅，自然就少了一份抱怨；多了一份体谅，自然就能感恩亲情；多了一份体谅，生活中就少了些许的矛盾。无论是对待父母，还是对待亲友，只有体谅才能让这份情感得以长久，才能够真正感受到亲情所在。

## 心灵箴言

平庸的人总是抱怨自己不懂的东西。

——[法] 拉罗什富科

少指责，少抱怨，少后悔，就能成功。

——于丹

你们只要没有活到大难临头，就不要抱怨，不要发牢骚！样样事都会发生，人事是千变万化的……比方说，你现在无声无息，什么也算不上，如同一粒沙子……一粒葡萄干。可是，谁知道呢？说不定，时机一到……你就交上了好运了！什么事都会发生的！

——[俄] 契诃夫

# 换位思考，唯有理解让家庭凝聚在一起

## 故事话题

在春节联欢晚会上，郭冬临、叮当、金玉婷表演的小品《我和爸爸换角色》讲述了这样一个故事，叮当是学习较差的差等生，父亲每次都不分青红皂白地训斥他。有一天，班主任布置了一项家庭作业——学生和家长互换角色。

最开始，叮当和父亲都无法进入角色，儿子害怕父亲、父亲端着架子。在班主任的坚持和指导下，父子二人终于成功的互换角色，也因此而了解了彼此的想法。

其中最动人的，便是叮当对父亲说出肺腑之言。尽管儿子的学习成绩并不好，但他始终是一个非常孝顺的孩子。父亲为了这个家庭整日奔波，除了工作就是应酬，每每都是喝醉了才回到家中。孩子担心父亲的身体，心里也责怪父亲不能抽出更多的时间来关心家庭。

听到儿子的心里话，父亲终于认识到，原来自己的身上竟然有这么多不足。最终，父子二人都了解了彼此的想法，化解了心中的隔膜。

## 故事解析

在生活中，每个角色都有自己要承担的责任和义务，自然就会受到相应的压力。学生的压力来自于那一张薄薄的成绩单，而父母的压力则是家庭的重担和工作上的困难。

所以在我们的生活里，用一些技巧，找一些适当的场合，和父母多些沟通，适当地指出他们身上的错误，让家庭更为和睦、让父母更加出色。

换位思考，能够让我们更多地去了解对方的真实想法，以及他们所做的原因，有很多时候，我们每个人都很容易活在自己的世界里，将自己遇到的问题无限放大，却将别人遇到的困难适当缩小。所以，无论是谁，如果换个角度去看待问题，自然就能达到沟通上的顺畅和心理的安慰。

## 故事穿越

邓小平同志在很小的时候就是一个非常有主见的孩子。有一天，他正在去私塾上学的路上，恰好看到私塾里的一个同学坐在私塾的门口伤心地哭泣。他就连忙走上前去询问究竟是什么事情让他如此伤心。原来这名同学的妹妹生了急病，可是家里却拿不出钱送妹妹去医院救治。

第二天一早，邓小平来到私塾后，立刻找到那名同学，从兜里拿出5块大洋递给他，让他赶紧送妹妹去医院看病。原来，邓小平回到家之后，偷偷地从父亲的兜里拿出了5块大洋，这可不是一笔小数目，在当时，这5块大洋能够买回来500斤谷子。

放学后，邓小平回到家中，果然看到父亲沉着脸坐在那里，家中的佣人也都被叫到大堂里，看到他回来，父亲非常严厉地问道："昨天我的衣兜里丢了5块大洋，我想问问，究竟是你们谁拿走了？"

邓小平连忙站出来，说道："父亲大人，和他们都没有关系，这钱是我拿的。"

邓父心里非常吃惊，自己的儿子从来没有过偷窃的行为，但为了教育，他仍然拿出棍子，当着下人的面惩罚了邓小平。

事后，邓父越想越不对，就去问邓小平，为什么会偷偷地拿钱呢？邓小平这才道出了原委，父亲连忙问："当时为什么不说？你要是说了，这种助人为乐的行为，我高兴还来不及，又怎么会打你呢？"

邓小平说："可是我的确是偷窃了，不管是什么理由，也都应该接受惩罚。"

父亲欣慰地揉了揉他的头，说："记住了，下次如果再去帮助别人，也必须要先和我说清楚。"

## 故事微语

邓小平为了帮助同学偷偷拿了父亲5块大洋，在父亲盛怒召集了所有佣人的时候，他没有直接说出父亲错怪了他，而是直接承认自己的错误，在私下里，才将自己这样做的真正原因告知父亲。他之所以这样做，就是因为他非常明白父亲盛怒的原因，也懂得父亲这样做的理由。这就是现实生活中的换位思考。

有很多人存在这样的误区，认为在家庭中不需要运用太多的智慧，家庭就是爱的世界。但是，家庭才更需要换位思考。对于每一个人而言，家庭才是最安全的地方，也是最容易展示真实自我的地方，当人们的情绪一旦松懈下来，矛盾才更容易产生。

换位思考，就是帮助我们解决掉这些问题的关键要素。它能够让我们多去理解其他家庭成员，而非是活在自我的想象空间中，它能够成为家庭的润滑剂，缓解矛盾，从而加深亲人之间的感情。所以，多多理解，多多体谅，生活才能更美好。

## 心灵箴言

横看成岭侧成峰，远近高低各不同。

——苏轼

上帝为你关上一扇门，同时也给你打开了一扇窗。

——谚语

如果说我比别人看得更远些，那是因为我站在了巨人的肩上。

——[英] 牛顿

# 控制情绪，不要让坏脾气毁掉温暖的家

## 故事话题

英国著名的政治家丘吉尔从小就被同学们所排挤，因为他患有口吃，成绩也非常不好，老师对他的态度也非常不好。

有一天，老师在上课的时候，发现丘吉尔正在发呆，于是就很生气地呵斥道：“丘吉尔，你又在发呆，如果你现在还不用功的话，长大了你就只能做一个可怜的寄生虫！”

丘吉尔连忙站起来，非常认真地说：“不，长大之后我……我……我要当一名演……演说家。”

由于口吃，丘吉尔的这一句话说得断断续续的，让老师更加生气，也让周围的同学大笑起来。一个口吃的丘吉尔，理想竟然是演说家。

这一天回到家中的丘吉尔，闷声不吭地回到自己的房间里，父亲看着儿子今天的状态非常不好，于是就追到房间门口。可是任他如何敲门，丘吉尔都不开门。其实自从丘吉尔进入学校之后，也常常被人欺负，可是丘吉尔每次回家都会大哭大闹，完全不会有现在这种表现。丘吉尔的父亲就坐在门口仔细听着门里的动静。

原来，丘吉尔将自己锁在房间里，开始练习说话，他把每个单词的音节一个音一个音地朗读出声，然后再连起来读出整个单词，再一个音一个音地纠正发音。

从这一天开始，丘吉尔每天都非常刻苦地练习自己的发音，直到最后，他终于克服了自己口吃的毛病，并且拥有了幽默风趣的谈吐。

## 故事解析

童年时期的丘吉尔是个非常敏感的孩子，这和他身体上的缺陷有着直接的关系，可是他在家里的态度却发生了巨大的转变，从最初的大哭大闹到自己奋发图强。这是一个孩子成熟的必要标识，因为他懂得了控制自己的情绪。

在生活中，我们常常会无所顾忌地对待自己身边熟悉的人，无论是家人还是朋友，因为在我们的意识里，这些人绝对的安全，无论自己情绪多么激动，他们都不会真的介意。但是我们却忽略了最重要的一点，当我们肆意发泄着情绪的时候，家人是多么的难过。

亲情，并非是永远完整的，它也会随着时间、相处模式等因素产生裂痕，所以懂得控制自己的情绪，不要想当然地去发泄，而是要选择正确的解决方法。

## 故事穿越

中国近代著名的文学家鲁迅同样也是一个非常孝顺的人，他的母亲是一个饱受痛苦的女性，她嫁给鲁迅的父亲之后，没过几年的幸福时光，她的丈夫就因病过世。对于母亲一生的苦难，鲁迅尽管从不对任何事情妥协，但是为了母亲，他却同意了封建包办婚姻。

在鲁迅工作之后，他便竭尽全力地在生活上照顾母亲、关心母亲，尽量让母亲过得舒适、幸福。尽管他工作非常忙，可是为了不让母亲感到寂寞，他每天晚上都会回到家中，陪母亲聊天，说一些工作上的趣事，让母亲开心。

除此之外，鲁迅也很在意母亲的精神世界上是否满足，他常常买来一些母亲喜欢看的书籍，送给母亲看，又常常带着母亲去看戏。

鲁迅的孝顺让身边的朋友都非常感动，而母亲也常常为鲁迅感到骄傲。

## 故事微语

在中国近代史上，有很多文人墨客都因为封建包办婚姻而妥协，比如鲁迅，比如徐志摩。

鲁迅明明并不喜欢这个女人，但是为了母亲的愿望，他不仅同意了这门亲事，同样，他也给予了这个同是包办婚姻受害者一定的尊重，而非是将自己的不公平待遇发泄在这个苦命女子的身上。

发泄情绪，其实是件非常容易的事情，但是却并非是最理智的事情。在现实生活中，每个人都需要为自己的所作所为买单，或许我们逞一时口舌之快，内心的苦闷得以发泄，可是这种无意间的行为却导致了将负面情绪传递给他人，让他人成为自己情绪的牺牲者。

尽管亲人之间并不会太过计较，可是这种方式却是在惩罚对方。控制自己的情绪，才能够让一个家庭和睦相处下去，才能让亲情毫无芥蒂。而这样的正能量循环，才能让家庭收获最真挚的幸福。

## 心灵箴言

内睦者，家道昌。

——林逋

父母者，人之本也。

——司马迁

事亲以敬，美过三牲。

——挚虞

慈孝之心，人皆有之。

——苏辙

父子不信，则家道不睦。

——武则天

谁言寸草心，报得三春晖。

——孟郊

# 语言技巧，正确的沟通方式表达关爱

## 6 故事话题

当选为“2004 年法国最健康和最孝顺的男人”的希克力在生活中是一个非常普通的男人，可是他却用自己的孝心挽救了自己的父亲。

希克力出生在法国南部的马尔蒂夫，这里曾经发生过一起非常严重的化工厂毒气泄漏事故，他的母亲就死于这次事故之中。然而，苦难还没有结束，他的父亲患上一种罕见的肺病，这也是化工厂毒气泄露后的灾难。

希克力非常爱他的父亲，他不愿意再看到父亲因为疾病过世。他想，这种疾病一定是因为空气中的有害物质太多，都被吸入了肺部，所以才会得病。如果能够让父亲到空气比较清新的森林中，或许能够对病情有用。

可是在这里并没有他想要的那种森林，而父亲的身体也经受不住长途跋涉的路程。希克力在心里下定决心，既然找不到森林，倒不如为了父亲多种一些树，让这里变成森林。于是他买回很多树苗，在自家的后院里开始种树。

一年的时间里，希克力种植了数十棵树苗，最终成活了 43 棵。后来，希克力完成了自己的学业，他不愿意离开小镇，更不放心这些关系到父亲身体健康的树木，就决定留在这里当了一名卡车司机。

几年的时间过去了，希克力家后院逐渐成为一个小型的“家用森林”。每天希克力都会搀扶着父亲去“森林”中散步，呼吸新鲜空气。经过希克力的努力，父亲的身体逐渐恢复了健康，体质也增强了不少。

2005 年年初，医生再次给希克力的父亲检查身体，发现他那罕见的肺病竟然已经治愈，这不仅仅是一个医学奇迹，更是一个孝顺带来的奇迹。

## 故事解析

在生活中，希克力就是一个平凡到不能再平凡的卡车司机，可他为了自己的父亲，几十年如一日在后院里种植树木，为的就是能够改善家中的空气质量，从而改善父亲的身体。在他的悉心照顾下，他的父亲不仅心情愉悦地生活了数十年，就连那种罕见的肺病也治愈了，就连医生都认为这是一个医学上的“奇迹”。

除了自己的所作所为，希克力更是在言语上给予父亲鼓励，让他明白孩子的孝心，才能让这个计划得以实施。

我们总是生活在自己的想当然中，认为有些事情即便是不说，作为亲人的他们也应该能够理解自己的苦衷。但是人和人之间的交往，并不是建立在相互猜测上，只有有效地进行沟通，才能将两颗心紧紧地联系在一起。

## 故事穿越

有这样一则广告非常打动人心，一对父子通过聊天，说着说着，突然间世界仿佛进入了“无声模式”，两个人只能依靠对方的口型猜测彼此在说什么，这样的结果自然是鸡同鸭讲。

虽然这不过是一则治疗嗓子医药的广告，但是却告诉了我们最简单浅显的道理：沟通才是建立人际关系的重要桥梁。无论是亲人、朋友、同事，哪怕是陌生人，只有沟通才能让彼此消除隔阂，建立情谊。

## 故事微语

沟通，并不仅仅是简单地交谈，对于一个家庭而言，沟通往往是让家庭更具有凝聚力，让亲情更加纯粹的方式。

有些人认为，沟通是对外的一种模式，家庭是属于自己的世界，沟通就不再重要。但是，想要让家庭更加幸福，让亲人之间更加亲密，沟通就是联系彼此的桥梁和纽带。

亲人之间的默契也是建立在长期的接触和沟通中，切断沟通这座桥梁，自然就会形成堵塞，时间长了，家庭也就会产生种种的矛盾。所以，不要封闭自己的世界，也不要让亲人活在猜测中，拿出沟通的真诚和勇气，才会体会到家庭的温暖。

## 心灵箴言

凡为父母的，莫不爱其子。

——陈宏谋

重资财，薄父母，不成人子。

——朱柏庐

长者立，幼勿坐，长者坐，命乃坐。尊长前，声要低，低不闻，却非宜。进必趋，退必迟，问起对，视勿移。

——李毓秀

第四篇

# 母爱似水，大爱无边

在母体的身体里，我们孕育着；在母亲的怀抱里，我们成长着；在母亲的呵护下，我们开始学会走路，学会说话，学习知识，学习长大；在母亲的关怀下，我们走过了人生一个又一个阶梯，自己再成为人父、人母。这就是生命的传承和延续。

# 体会母爱，世上只有妈妈好

## 6 故事话题

在20世纪90年代初，电影《妈妈再爱我一次》影响了一代人、感动了一代人。电影讲述了一个心酸的母亲和一个懂事的孩子。

秋霞和国强自由恋爱，但由于秋霞出身卑微，最终只能和国强分手，而国强也屈从了家里的安排和家境优良的娟娟结婚。分手之后，秋霞发现自己怀孕，她舍不得这条无辜的小生命，便生下了儿子小强，母子二人相依为命。

几年之后，国强竟然找到了秋霞，想要要回儿子，原来他的妻子娟娟不能生育，就希望将小强带到自己的身边。国强对秋霞说，妻子一定会将小强视为己出，而且这样一来，小强不仅可以不用受苦，还能够接受最好的教育。尽管秋霞心里百般不舍，但一想到孩子今后的前途，她决定将孩子送还给国强。

小强自小就是一个非常懂事且孝顺的孩子，他无法接受母亲不要自己的事实，一遍遍地从新家跑回母亲的身边。最后一次逃跑的时候，恰好是风雨之夜，淋了雨又受伤的小强被秋霞找到的时候，已经是奄奄一息。看到儿子如此惨状的秋霞也因为太过激动而跌下楼去，从此精神失常……

小强长大成人之后，成为一名精神病医生，最终也找到了自己的母亲，凭借着自己童年时候的玩偶和那一曲动人的“世上只有妈妈好”，母子终于相认。

## 故事解析

毫不夸张地说，这部电影曾经影响了一代人，很多 80 后都还有这个记忆：在电影院里一边观看电影、一边流泪。那一段感动天地的母女之情，不仅仅是讲述了一个母亲为了孩子全心全意的付出，同样也包含着一个孩子对于母亲的依赖和孝顺。

对于一个孩子而言，妈妈就意味着全部的温暖，正如电影主题曲所唱：“世上只有妈妈好，有妈的孩子像块宝。”中国有很多古诗都是描写伟大的母爱，一句“慈母手中线，游子身上衣”尽显了母亲内心中对孩子的牵挂。

冰心曾经说过：“母亲是荷叶，我是露珠，露珠总在荷叶上滚动。”对于每个孩子而言，母亲都是最值得信任和依赖的对象。在孩子尚未出生时，母亲就用自己的身体给孩子提供养分和安全感。十月怀胎之后，母亲要经历分娩的疼痛，孩子才能顺利出生。孩子在成长的过程中，母亲用自己的臂膀为孩子支撑起一片蓝天。孩子在受到挫折的时候，母亲的怀抱就成了最好的港湾。

世上只有妈妈好，这并不仅仅是一句简单的歌词，更是所有孩子的心声。

## 故事穿越

在2008年5月12日，四川省汶川县遭受了特大地震灾害，救援队伍立刻赶往灾区，支援救助。第二天，在都江堰河边一处坍塌的民宅中，救援人员发现了生命迹象，他们奋力挖掘，寻找伤员。可是，当废墟被挖掘开的时候，眼前的一幕惊住了所有救援队伍。

一位年轻女性双手环抱着襁褓中的婴孩，此时的她已经没有了呼吸，可是她怀中的婴儿毫发未伤，并且惬意地含着母亲的乳头。几乎所有的救援人员都流下了眼泪，他们几乎能够想到，当灾难来临的危急时刻，这位年轻的母亲几乎是本能地将孩子保护在自己的怀中。在煎熬地等待救援的过程中，年轻的母亲解开自己的上衣，用甘甜的乳汁喂养着孩子，确保孩子的生命。

此刻，襁褓中的婴儿全然不知外面发生了怎样的灾难，他红扑扑的小脸蛋和母亲沾满灰尘的双乳形成了鲜明的对比。这就是母爱的伟大和无私。

## 故事微语

对于任何一个孩子而言，母亲都以一个守护者的形象，捍卫着家庭的温暖，保护着孩子不受伤害。就如同这位年轻的母亲，在地震来临的一个瞬间，她仍然出于本能保护着自己的孩子。

或许在现实生活中，尤其是在青春期的时候，母亲总是唠唠叨叨，从生活习惯到工作学习，事无巨细。很多人总是会内心感到厌烦，可是却忽略了母亲的真情实感。

在母亲的心中，无论孩子长到什么阶段，她们仍然觉得孩子始终是需要自己照顾的小孩，而这份唠叨，正是表现了母亲的关爱之情。

当我们在外面的世界里闯荡，母亲始终在家里牵挂，担心子女是否吃得习惯，这就是母亲，也是一份难以割舍的浓浓的母爱。

## 心灵箴言

母亲是没有什么东西可以代替的。

——巴金

老年人犹如历史和戏剧，可供我们生活的参考。

——[古罗马] 西塞罗

开始吧，孩子，开始用微笑去认识你的母亲吧！

——[古罗马] 维吉尔

失去了慈母便像花插在瓶子里，虽然还有色有香，却失去了根。

——老舍

在父母的眼中，孩子常是自我的一部分，子女是他理想自我再来一次的机会。

——费孝通

# 感恩生命，回报母亲的辛劳

## 6 故事话题

三国时期著名的科学家、天文学家陆绩从小就是个非常孝顺的孩子。在他 6 岁那一年，父亲陆康就带着他去拜访袁术。

见到袁术之后，陆绩就表现出自己在天文、历算方面的才华，非常自信地侃侃而谈，这让袁术大加赞赏，认为这个小孩将来一定有大出息。于是就命令下人搬来椅子，以对待一个成年人的礼仪来招待陆绩。

就在这个时候，佣人端上一盘橘子，袁术就让客人们随意品尝。陆绩毕竟还是个孩子，非常高兴地品尝起来，而袁术就和陆康聊了起来。趁着他们不注意的时候，陆绩就偷偷拿了两个橘子，塞到了自己的袖子里。而这个举动被袁术看在眼里。

很快，陆康就带着陆绩提出告辞，袁术看到刚才陆绩吃了好几个橘子，知道他爱吃，就提出让他多拿几个，在路上可以解解渴。陆绩摇摇头，没想到在这个时候，他一甩手，袖子里的橘子就咕噜噜地滚到了地上。一时之间，气氛非常尴尬。

为了化解尴尬，袁术说："这个小孩真好玩，来我家做客，还要和主人的橘子玩迷藏。"

陆绩却回答道："我母亲最爱吃橘子，这是特意给母亲捎回去的。"

尽管这次陆绩的行为失了礼数，却让袁术非常感动，这个年仅 6 岁的孩子就知道孝顺的重要，长大之后一定是一个大孝子。

## 故事解析

母亲，是给予我们生命的人，有人曾经这样说：“孩子的生日，正是母亲的难日。”是的，当我们每年过生日的时候，有没有想过，在很多年以前的今天，母亲正在忍受着分娩之痛？

十月怀胎的辛苦，一朝分娩的疼痛，这些都是母亲为了孕育一个生命所付出的辛苦。在母亲的心中，她们并不奢望子女能够对父母有所回报，可是作为子女，却更应该感恩父母。

感恩父母，并不仅仅是感激他们生养了我们，而是体会出这份情感的重量。当我们长大成人，具有了独立人格和独自生活的能力之后，孝顺并不仅仅只是银行卡里的数字，更不应该只是一通电话的时间。

感恩，更是一份情感的互换，有一位网友对父母说了这样一句话：“你的前半生我没能参与，你的后半生我奉陪到底。”这句话得到了大多数网友的点赞，对于父母，不仅仅要回报，还要心怀感恩，只有这样，才能体会什么叫作无悔的亲情。

## 故事穿越

在2004年春节联欢晚会上，高秀敏、赵本山和范伟表演了小品《送水工》感动了很多人。

下岗女工为了让在国外研究考古的儿子放心读书，故意说了一个谎话。她谎称自己再嫁，继父是个家底丰厚的老实男人，不仅自己没有吃苦，继父也心甘情愿地供养着儿子的学业。

儿子一直深信不疑，而这一次他回国开交流会议，就想借机回家看望母亲，再者也能亲自感谢这位默默奉献的继父。母亲非常担心这个谎言被揭穿，就聘请一个送水工扮演继父这个角色。但没想到和送水工之间毫无默契，漏洞百出。

后来，送水工实在假装不下去了，就对儿子说出了实情：原来他的母亲在儿子刚出国没多久就下岗了，为了继续供儿子上学，就自己开了一个小服装店，没白天没黑夜地替别人做衣服，借此给孩子赚学费。

最终，儿子终于完成了学业，并且出人头地，而母亲的双手也因为劳动过度而发生了严重的变形。儿子知道了这一切，终于明白了母亲自己过的是怎样的日子，可是老母亲却说：“傻儿子，只要你能有出息，妈吃多少苦都值得！”

## 故事微语

母亲这一句“吃多少苦都值得”道尽了天下父母的心声。有多少对父母的心中都是这样想的，只要子女能够幸福，自己吃点苦算什么，就算是过着清苦的日子也是甘之若饴。

可是作为子女，又怎么能不感激父母的付出呢？对于子女的付出，每一对父母都没有要求过回报，因为对于父母而言，子女的存在本身就是上苍赐予的礼物，自然是想要将最好的东西都给子女。作为子女，不仅仅要孝顺父母，同时也要感恩父母。

在现实生活中，有很多人都犯过这样的错误：自己在外面奋斗的时候遇到了挫折，或者是受了委屈，回到家里再听到母亲的唠叨，就将满腔怒火都撒在母亲身上。其实这是非常错误的举动。在我们年轻的时候，母亲的唠叨或者是内心中的一种厌烦，可是当我们真正离开家之后，当我们独自踏上人生征途却发现四处碰壁的时候，当我们收获成功却发现亲人已经远去的时候，才会赫然发现，原来这份唠叨是一种牵挂，是一份关爱，更是母亲对于子女说不出的浓浓的爱。

## 心灵箴言

老年，好比夜莺，应有他的夜曲。

——[德] 康德

母亲，是唯一能使死神屈服的力量。

——[苏联] 高尔基

世界上的一切光荣和骄傲，都来自母亲。

——[苏联] 高尔基

一个老年人的死亡，等于倾倒了一座博物馆。

——[苏联] 高尔基

老人受尊敬，是人类精神最美好的一种特权。

——[法] 司汤达

# 人性本善，善待他人也要学会爱自己

## 故事话题

在20世纪末期，有很多公益广告在电视台滚动播出，其中有这样一则给大家留下了深刻的印象。

一位中年妇女给儿子洗完脚之后，拿着小鸭子把孩子哄到了床上，可是转过身，她又去打了一盆洗脚水，原来是去照顾自己的母亲。

她蹲在母亲的面前，全然不顾散落下来的发丝。母亲看着十分心疼，说道："不用给我洗脚了，有空你多去休息吧，也上了一天班了。"

中年妇女回答说："不累，给您洗完脚就去睡了。"她的儿子躲在外面看到这一切后若有所思地跑了。

中年妇女回到儿子的房间，却发现儿子不在床上，正当她疑惑不解的时候，儿子从厨房里打来一盆热水，晃晃悠悠地走到母亲面前，说："妈妈，洗脚。"母亲流露出一丝欣慰的神情。

## 故事解析

尽管这只是一则公益广告，却让人思绪万千。孝顺父母，并不仅仅是一种传统美德，更是人性本善的一种体现。

中华民族在悠久的历史中，一直都非常重视孝顺，但孝顺并不仅仅是无条件地顺从父母，更重要的是要学会如何善待他人、善待自己。中国的父母，无不在“望子成龙”“望女成凤”的期盼中看着子女慢慢成长，但是那些外在的成功和光芒，都比不上子女的健康、快乐。这就是“可怜天下父母心”啊。

## 故事穿越

微电影《路过》讲述了一个非常平常却能够引人深思的故事，独自在老家生活的老母亲突然接到儿子的电话，儿子说自己要到外地出差，火车恰好就在老家这里停下，中途会有一点时间的停留。母亲听到后，连忙说要赶去火车站见儿子。

放下电话，母亲连忙跑到菜市场挑选儿子最爱吃的几样菜，不顾辛劳地做好，装在玻璃罐子中。为了赶路，母亲骑着自行车穿过泥泞的小路，终于赶到了火车站。可是儿子却因为忙于处理业务根本就没有时间和母亲说上一句话，还因为打电话不小心将母亲做的菜摔到了地上。看着母亲遗憾的神情，儿子也非常内疚。

就在这时，画面一转，倒序回母亲刚刚见到儿子的时候，母子两个人有说有笑，母亲看着儿子劳累的样子非常心疼，儿子看到母亲出于关心辛苦做出来的饭菜很是激动，两个人就这样凝视着彼此……

## 故事微语

尽管这只是一部微电影，后面那些倒叙回来的画面都是儿子和母亲心中所想，却是现实生活中的折射和写照。

很多时候，子女内心非常理解父母为了照顾自己所付出的心血，可另一方面又不希望他们如此辛苦；而父母同样也理解孩子在外打拼的艰辛，另一方面也同样希望子女能够过上舒适的生活。

很多子女习惯性的报喜不报忧，就是能够体谅远在老家的父母，可实际上，作为父母怎么会不了解自己的子女呢？与其在回家的时候让他们如此担心，倒不如在外面学会善待自己。

## 心灵箴言

慈母爱子，非为报也。

——刘安

母爱是一种巨大的火焰。

——[法] 罗曼·罗兰

母苦儿未见，儿劳母不安。

——《劝孝歌》

谁言寸草心，报得三春晖。

——《游子吟》

# 注重点滴，母亲也需要子女的呵护

## 6 故事话题

东汉时期的茅容同样是一个大孝子。自幼他也是个饱读诗书的学子，但是为了照顾母亲，他选择放弃仕途，在家里辛苦地耕作，为的就是照顾母亲。

有一天，他在地里耕作的时候，突然下起了暴雨，他只好和其他农夫都找个地方避雨。正巧这时候名士郭林宗也来到这里避雨，他看到那些避雨的农夫都是站没站相、坐没坐相，只有茅容一人端坐一旁。他觉得这个人并不是普通的农夫，就上前去交谈。果然如他所料，茅容的很多见解都让郭林宗感同身受。

很快，雨就停了，两个人还没有聊尽兴。茅容就提议，让郭林宗到自己家中做客。郭林宗连忙应允。两个人秉烛夜谈，非常开心。

第二天一早，郭林宗看到茅容正在杀鸡炖汤，就以为这是茅容对自己的款待。没想到，到了吃饭的时候，茅容端上来的并非是鸡肉，而是一些很普通的山菜野蔬。郭林宗觉得非常奇怪，但是出于客随主便的礼节，郭林宗并没有表现出来。

等到郭林宗离开茅容家的时候，他才四处打听这个奇怪之举。原来，茅容为了给母亲改善伙食，常常会做鸡汤给母亲，一只鸡分为两份，一份给母亲这顿吃，另一份留着给母亲下顿吃。而他自己只吃山菜野蔬。郭林宗一听，立刻就觉得茅容不仅是个学识渊博的人，更是难得一见的孝子。此后，茅容孝顺父母的故事被广为流传，成为千古佳话。

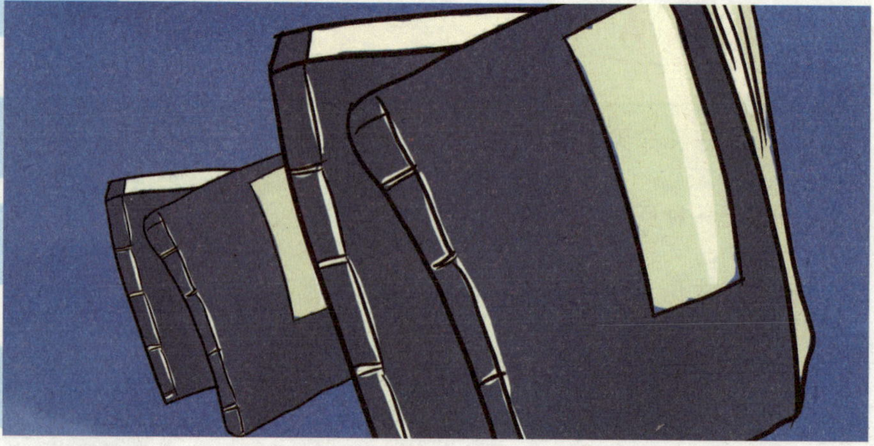

## 故事解析

茅容为了照顾母亲，宁愿自己和客人吃山菜野蔬，而将鸡肉、鸡汤留给自己的母亲，如果没有遇到郭林宗，这个故事只能流传在当地百姓心中，而无法成为千古美谈。正是因为郭林宗这位名士的传播，最终被归入“二十四孝”之中。

在大自然界，素有“羊有跪乳之恩，鸦有反哺之义”，那么在人类的内心中更是如此。在每个孩子成长的过程中，母亲给予孩子自己能够给予的最好的物质、最温暖的情感，那么当孩子长大成人之后，就更应该尽自己的所能来回报母亲的付出。

母亲，经历了十月怀胎的辛苦和一朝分娩的疼痛，才将子女带到这个世界。在孩子的成长过程中，母亲用自己的汗水和关爱帮助孩子茁壮成长。在孩子一生中，每一个脚步都渗透了母亲的点滴关怀。那么作为子女，就更应该回报这份关爱。

孝顺，并不仅仅是物质方面的满足，更重要的是在精神世界，让母亲能够感受到子女的这份关怀和亲情之爱。

## 故事穿越

电影《一个独生女的故事》根据十佳少年杜瑶瑶的真实事迹改编而成，讲述了一个令人心酸却为之感动的故事。

张鸣鸣原本有一个幸福的家庭，可是在她上小学的时候，父亲因为突发性事故离开了人世，只留下年仅10岁的张鸣鸣和患有风湿性心脏病的母亲相依为命。

母亲因为疾病，根本就无法干重活，再加上受到丈夫过世这个沉重的打击，病情愈发严重，张鸣鸣成为家里的顶梁柱。每天早上5点，她就起床给妈妈做早饭，写作业。在学校里，她用功读书，不敢浪费一分一秒，因为她心里知道，只有努力读书才能对得起在天堂上的父亲，才能改变家里的状况。晚上回到家，她又连忙准备晚饭，收拾家务。

母亲看着女儿如此劳累，不愿意拖累女儿，甚至产生了轻生的想法，张鸣鸣无意间发现后，抱着母亲大哭："妈，你怎么舍得丢下我，你走了，我连家都没有了！"

女儿一声声的呼唤让母亲坚持下来，迎接新生活的挑战。

这部电影的真实主人公杜瑶瑶也在2004年考上了中国海洋大学的研究生，向新的人生阶段迈进。

## 故事微语

一个年仅10岁的女孩，她用自己稚嫩的肩膀承担起了一个家庭的重担。父亲过世、母亲重病，这一切都没能让她感到绝望，可是当她看到母亲想要轻生的时候，她却抱着母亲大哭。

相较于张呜呜而言，太多的孩子都生活在阳光下，他们享受着父母照顾自己的美好生活，驰骋在父母爱的海洋之中。但是，当我们享受这一切的时候，同样也需要对父母付出自己的爱。或许作为孩子，自己的能力有限，但是付出本身就是一种回报。

有很多孩子都曾经有过这样的经历，自己在上学的时候，给父母画了一张贺卡，用歪歪扭扭的字迹写着："爸爸妈妈，我爱你！"很多父母在看了这张贺卡之后并没有流露太多，可是这张贺卡却成为他们珍藏已久的"宝贝"，被锁在抽屉的深处。即便是孩子已经长大成人，他们仍然不舍得丢下。

对于父母而言，他们并不要求孩子能够收获多大的成功，健康、快乐、平安才是他们最大的心愿。就如同那首歌曲所唱："老人不图儿女为家做多大贡献，一辈子不容易就图个团团圆圆。"相信这是很多父母最真实的心声！

## 心灵箴言

暗中时滴思亲泪，只恐思儿泪更多。

——《忆母》

母仪垂则辉彤管，婺宿沉芒寂夜台。

——《格言集锦》

母亲，人间第一亲；母爱，人间第一情。

——字严

世上唯一没有被污染的爱——那便是母爱。

——字严

# 珍惜时间，不要“子欲养而亲不待”

## 故事话题

儒家学派创始人孔子是一个非常注重孝道的人，同时也非常敬重孝顺的人。有一天，孔子出行，途中遇到一个在街道上痛哭的人。孔子非常奇怪，就问这个哭泣的人：“你怎么哭得如此伤心呢？”

“我叫皋鱼，原本也和先生一样，是个周游列国的学者。可现在我有三个过失，且这三个过失，我一生都无法弥补。”

孔子非常吃惊，心里想，有什么过失是一生都无法弥补的呢？

皋鱼接着说道：“我第一个过失，是在年少的时候。当时我为了求学，周游列国，希望能够通过自己的努力，发挥自己的能力。但在这个时候，我没有将照顾亲人放在首位，认为今后还能够有机会。第二个过失，是在我为国效力的时候，为了理想，我无法在父母面前尽孝。我终于有机会、有时间去孝顺父母了，可是我的父母却过世了，这就是我的第三个过失。先生你说，我这三个过失，难道不是无法弥补了吗？”

孔子听完之后，非常感慨，于是就对自己的学生说，“你们要引以为戒，这件事足以使你们明白其中的道理！”

在这件事情之后，有三成的学生都向孔子提出了辞呈，希望能够先回到家中对父母尽孝。

## 故事解析

正所谓“树欲静而风不止，子欲养而亲不待。”皋鱼自身三个无法弥补的过失，最关键的一条，就是他想在父母面前尽孝，可是他的父母却都已经过世。这的确是一生都无法弥补的遗憾。

在现实生活中，有很多人都会遇到这样的问题：在年轻的时候，总是觉得当务之急是为了自己的事业和工作去努力奋斗，父母的身体还很健康，还能够自己照顾自己，“孝顺”可以等待；等到父母退休之后，子女多半已经成家立业，可这个时候，又大多有了下一代，自然又会将自己的精力更多地放在孩子身上……

拖来拖去，很多人都认为能够等待的“孝顺”，却随着时间的变化，变成了很多人心中的遗憾。直到父母生病了，作为子女才恍然大悟，原来时间并没有给我们多少机会！

“孝顺”是最不能等待的事情，也是最不需要等待的事情。孝顺，是充实在我们生活每一个点滴的情感流露，是在生活细节上的悉心照顾。所以孝顺父母，切勿等待。

## 故事穿越

曾经有这样一幅图画在微博上被众多人转载：女儿在城市里安了家，有了自己的宝贝女儿，她将自己的所有精力都放在教育孩子和工作上，没有什么时间和精力再去关心在山村独自生活的母亲。

有一天，老母亲竟然带着许多东西找到了女儿的家，女儿非常吃惊，连忙问母亲要做什么，是不是身体不舒服？老母亲笑着说："没什么，给你做顿饭。"女儿虽然嘴上不再说什么，但是面对母亲特意准备的山鸡、柴鸡蛋，心里觉得非常麻烦。

老母亲感受到了女儿的不耐烦，做好了一顿饭，便起身离开了。女儿觉得很是奇怪，于是趁着一个周末回到了老家，却看到母亲在昏暗潮湿的房间里吃着白米饭和咸菜，原来母亲患上了白内障，眼睛几乎失明，只能看到一些模糊的影像，她想趁着最后这点时间，再给女儿做一次饭。

女儿趴在母亲身上大哭，她无法想象，母亲究竟是凭借着多么坚强的意志，才能走出这片大山，才能在只去过几次的城市里摸索到自己家的位置。女人终于明白了母爱的伟大，尽管这份明白来得有些迟了。

## 故事微语

在很多人眼中，时间不过就是一分一秒的流逝，可是时间却能带走太多太多。生活中，我们常常能够不经意间发现，父母的两鬓已经斑白，不知什么时候，父母的脸颊上多出了那些皱纹，他们的身体不再挺拔，他们的眼睛不再清澈，他们的听觉日渐衰退，这些就是时间悄悄带走的东西——健康。

人们常说，不着急，当我收获了成功之后，自然而然的就会想到去报答父母的养育之恩；不着急，当我的孩子长大成人之后，我就有了更多的时间去照顾父母；不着急，等我退休了，我就和父母一起生活……

可是我们却没有想过，时间有没有让我们“不去着急”。莫等闲，在孝顺父母这方面，从来都不是等待的，而是要用积极的心态去面对，不要等到失去了才觉得这是人生的遗憾。

## 心灵箴言

慈母的胳膊是慈爱构成的，孩子睡在里面怎能不甜?

——[法] 雨果

母爱是多么强烈，自私，狂热地占据我们整个心灵的感情。

——邓肯

失去了慈母便像花插在瓶子里，虽然还有色有香，却失去了根。

——老舍

没有无私的自我牺牲的母爱的帮助，孩子的心灵将是一片荒漠。

——[英] 狄更斯

母羊要是听不见她自己小羊的啼声，她决不会回答一头小牛的叫喊。

——[英] 莎士比亚

第五篇

# 父爱如山，大爱无言

父亲，这是一个沉重而又充满了温暖的词汇。对于每个孩子而言，父亲都如同一个守卫着自己世界的守卫者，他们不善言辞，他们不善于表达对子女的关爱，在大多的时间里，他们往往都是沉默的，可是他们对子女的付出却一点都不少。

# 切勿沉默，大声说出我爱你

## 故事话题

著名作家高尔基先生曾经有过一段被流放到意大利的孤岛上的经验，在这里，他没有自由，没有陪伴，日子就这样一天天地消磨。

后来，他的家人好不容易争取到了一次来看望他的机会。妻子带着儿子千里迢迢来到了意大利，看着高尔基颓废的样子，妻子心疼地哭了。可是就在这短短的看望的时间里，他的儿子整日里只忙着一件事——种花。

这是一座比较荒凉的岛，放眼望去，除了海水几乎看不到任何希望。于是儿子就从家里带了很多花种过去，趁着这个机会一直为爸爸种花。

起先，高尔基并不理解孩子的做法，直到第二年春暖花开的时候，他才发现，这座孤岛已经不见了死气沉沉，相反因为有了鲜花的衬托和陪伴，这里变成了“爱的海洋”。在抽屉里，高尔基发现了儿子留给自己的信件，在信上，儿子只写了一句话——“爸爸，我爱你，我们等你回来。”

自此之后，高尔基重获信心，他开始用文字描写出自己对儿子、对家庭的种种关爱之情，因为有了爱，这样的日子也终于不再是煎熬和折磨。

爸爸：
我爱你，
我们等你回来

## 故事解析

中国是一个含蓄的民族，有很多人都不太习惯对父母说出“我爱你”三个字，尽管这三个字非常普通，可是却总是有种害羞的心态让我们不敢说出来。可是，情感需要表达，所以不要羞怯于说出“我爱你”，而是应该积极地表达出自己的情感。

人们常常会为自己的害羞、不好意思找到借口，尤其是在长大成人之后，对于父母的态度就变成了嘱咐注意身体、吃点好的、别心疼钱这一类的很琐碎的语言，尽管这些都在表达自己对父母的关爱，但是作为父母而言，他们更愿意听到孩子真诚地说“爱”。

爱，本身就不是一件羞耻的事情，这是上天赐予人类的宝贝。有了爱，才让我们的人生充满了美好；有了爱，才让家庭充满了温暖，所以不要沉默，大声地对着父母说：我爱你！

## 故事穿越

著名文学家朱自清最著名、最被人熟知的一篇散文，就是那篇《背影》，讲述了他和父亲之间深厚的情感。

朱自清的父亲朱鸿钧原本担任一些小的官职，但由于受到封建思想的禁锢，所以他对朱自清的管教非常严厉。在父亲的严厉管教中，朱自清一直都比较害怕自己的父亲。但是父亲偶尔慈爱的一面，也让朱自清感到非常幸福。

朱自清长大之后，准备投考北京大学，此时朱鸿钧已经失业，为了不影响朱自清的学业，他对这些都只字不提，反而在生活中不停地鼓励着儿子。但是从其他亲戚口中，朱自清已经知道父亲失业、家境逐渐贫寒的事情，从内心深处，更加敬佩父亲。就是在这种背景下，朱自清用满怀深情的口吻撰写出感人至深的散文《背影》。

## 故事微语

相较于女人，男孩似乎更难以启齿“我爱你”三个字，尤其是对于自己的父母，很多男孩都无法说出自己内心的真实情感。

朱自清其实非常爱自己的父亲，同样也感动于父母对自己的付出，可是他却无法站在父亲的面前，大声说出一句“我爱你”，所以最终只能选择用撰写散文的方式来抒发自己内心的情感。

每个人都有自己和人相处的方式，这种方式自然是因为自己的生活环境而决定的。在中国漫长的历史中，历来都是“严父慈母”的模式，在每个家庭之中，父亲似乎都扮演着比较严厉的角色，但实际上，父爱如山，他们同样有着自己的情感需求。

孝顺，就是让父母的心情感到顺畅，这份顺畅主要就是来源精神世界，大胆地对他们说出“我爱你”，让父母感受到子女的关爱，也是孝顺的一种方式。

## 心灵箴言

父之美德，儿之遗产。

——字严

慈父之爱子，非为报也。

——刘安

父爱可以牺牲一切，包括自己的生命。

——[意] 达·芬奇

父爱是沉默的，如果你感觉到了那就不是父爱了！

——冰心

# 孝感先行，回馈父爱的方式

## 6 故事话题

在民间有这样一个故事——“花木兰替父从军”。

故事发生在北魏年间，花木兰的父亲是一名军人，所以在花木兰很小的时候，她的父亲就带着花木兰到小河边去习武、学习射箭和骑马，到了晚上，父亲也会教花木兰阅读兵书。

很快，花木兰就长大了。恰好在这个时候，北魏受到北方游牧民族的不断骚扰，为了保卫边境，北魏政府下达了这样一个命令，每个家庭必须出一名男子上前线。花木兰只有一个年迈的父亲和一个年幼的弟弟。她想，父亲年纪已经很大了，不复当年的强壮，而弟弟年纪又太小，到了前线上别说杀敌了，就连保护自己都是件非常困难的事情，于是她在心里做了一个决定——替父从军。

虽然父亲心中也非常不舍，但是看着花木兰坚定的神情，他也知道，这是没有办法的办法了。于是就这样花木兰替代了父亲上了战场。

在军营之中，花木兰不仅凭借着自己的兵法建立了赫赫军功，同时也隐瞒着自己是个女子的事实。十余载过去了，战争终于停止了，花木兰完成了自己的使命。因为战功，北魏的皇帝原本要让她担任一官半职，可是花木兰却拒绝了，决定回到自己的家乡，去父母面前尽孝。

## 故事解析

花木兰的故事流传至今，经久不衰，一方面是源自大家对花木兰英勇的钦佩，另一方面就是源自在一切结束之后，花木兰没有贪恋荣华富贵，解甲归田。辛苦了十余载的光景，在她心中，任何事物都没有回到家中侍奉双亲来得重要。

我们常说，任何一个人都要拥有独立自主的人格，但这种独立并不影响我们对家庭的依赖。在生活中，我们常常遇到一些所谓的“工作狂”，为了工作，他们能够做到长时间不回家、不过问自己的亲人；而另一些人则与他们恰好相反，常年来依赖家庭、依赖父母，仿佛离开了父母就什么都不会做了。

这两种情况是两种极端的表现，任何一种都无法称之为“孝顺”。真正的孝顺，是在生活中能够对父母给予体贴入微的照顾，在工作中能够忘我的拼搏，能够将家庭和事业相兼顾。

父母在渴望看到子女成功的同时，更渴望享受和子女相处的点滴，真正的孝顺不是逢年过节的一个电话，而是在日常里的一次聚会。所以，不要总是以“工作繁忙”为借口，常回家看看吧。

## 故事穿越

中国著名的史学家、文学家司马迁同样非常崇拜自己的父亲。他的父亲司马谈是汉初五大夫，后来又担任了太史令，在司马谈心里有一个理想：要撰写真正的史书。但是史官撰写历史，都是在为政治所服务，哪里能够真正写出事情的真相呢？

可是直到司马谈身患重病，他仍然没有机会完成自己的梦想。在临终之际，他将自己最为喜爱的儿子司马迁叫到自己的床前，说：“我穷极一生，最渴望的就是能够完成一本真正的史书，可惜我身为太史，却仍然没有做到这一点。你一定要谨记这一点，写出一部能够流传千古的真正的史书。”

在父亲过世之后，司马迁始终记得父亲的这一番话。然而，在司马迁撰写《史记》的过程中，因为他为将军李陵请愿而惨遭宫刑。躺在床上的他，一方面因为宫刑而感受到无尽的屈辱，另一方面又因为没有完成父亲的遗愿而苦苦挣扎。后来，司马迁下定决心：无论自己遭受到了什么样的屈辱，也坚决要完成父亲的遗愿。

最终，司马迁完成了一共一百三十卷、五十三万字的巨著《史记》。

## 故事微语

珍惜自己，并不仅仅是指珍惜自己的身体，而是在困境面前，能够不放弃自己的决心。司马迁惨遭宫刑，但面对这样的羞辱，司马迁心中怀着对父亲的承诺，才能摆脱自己内心的阴影，完成旷世名著《史记》。

回馈这份深厚的父爱，司马迁选择了自强不息，选择了愤然完成父亲的遗愿。对于我们普通人而言，如何回馈父亲这份沉重的爱，可以选择的方式有很多种。

有的人选择回报父亲的方式就是让自己更加优秀，每一对父母都是“望子成龙”“望女成凤”的，通过完善自己，让父母感受到所付出的都是值得的。

有的人选择的方式是在生活中的点滴中对父母无限的关爱，或许他们没有成功的事业，也没有丰厚的资产，可是这种点滴关怀，才更能温暖人心。

其实，无论选择哪一种方式，只要心中有爱，只要心中挂念，父母总会感受到来自子女的孝顺。

## 心灵箴言

拥有思想的瞬间，是幸福的；拥有感受的快意，是幸福的；拥有父爱也是幸福的。

——琼瑶

父亲是个教育家，他给了我们充分的自由去决定自己的前途，他只从旁略加指引，用鼓励代替打击与责罚。

——罗兰

父亲用自己的一举一动来影响我，熏陶我，使我的言谈举止带上一副绅士的派头。他认为这是待人接物的最重要的技巧。

——[美] 小托马斯·沃森

父亲清楚地表示，倘若我想掌握更大的权力，就必须在每一个问题上继续和他争论下去。我抱怨他的态度太粗暴，他大声呵斥道："我已经没有许多时间来跟你罗嗦，那是我教你工作的唯一办法。"看来这就是他培养，锻炼我、造就我的一套办法。

——[美] 小托马斯·沃森

# 谦卑有礼，读懂人生的真谛

## 6 故事话题

春秋时期著名的名医扁鹊医术高明，他的两位哥哥同样也是医者，尽管名气和医术都不为外人所知，但是对自己的兄长，扁鹊同样心怀尊敬。

有一天，魏文王召见扁鹊，问道："你家兄弟三人都精通医术，到底哪个人的医术最好呢？"

扁鹊谦虚地回答道："回大王的话，就医术而言，大哥最好，二哥次之，扁鹊不才，只能排在最后。"

魏文王非常奇怪，扁鹊兄弟三人，最出名的就是扁鹊，是远近闻名的"神医"，可怎么到了扁鹊的口中，竟然只是最差的呢？他问道："现在你的名气最大，世人都知道扁鹊能够起死回生，是著名的神医，却对你两位兄长只字不提，这又是何道理呢？"

扁鹊笑了笑回答道："大王您有所不知，我大哥善于发现病源，往往在疾病发作之前，他就已经看出病因，对症下药，所以患者常常并不知道自己已经得了很严重的病，就被我大哥治愈了，所以别人都不知道他的医术有多高明，只有我们自家人知道；我二哥治病，一般都是在病情刚刚发作的时候，就能够察觉，并且给予最好的治疗，所以病人总是觉得我二哥治疗的都是一些小病；而我治病一般都得等到病情比较恶化之后，所以病者看到我在治疗的过程中针灸、放血，就以为是我的医术最为高明。"

魏文王听完之后，连连称赞扁鹊真是一个谦虚的医者。

## 故事解析

谦虚，是对于他人的一种态度，同样也是一种对于人生的态度。对于他人谦虚，表现出的是自己的一种胸怀，更是一种心态上的低姿态。

在长辈面前，保持着谦虚的姿态，这是中国封建社会的一种基本要求，正所谓“长幼有序”。可是在现如今，这种传统的认知已经越来越淡薄，尽管这会让很多家庭变得开化很多，也让家庭氛围轻松很多，但是这些变化的第一原则，就是小辈对长辈的态度。

一个家庭之中，可以开玩笑，也可以用相对轻松的态度去相处，可是尊老爱幼仍然是每个家庭和谐相处的根本。

谦虚地对待自己的父母、兄长，就如同扁鹊那样。在扁鹊和他的两个兄长之间，无论医术还是名气，自然是扁鹊技高一筹，可是在别人询问的时候，他却用贬低自己的方式，去夸奖两位兄长。

谦虚地对待长辈，不仅体现出自己内心对长辈的尊敬，更能够让整个家族和谐相处。经过漫长的历史传承，中国人更适应大家族交错着生活在一起，哪怕在现如今这种快节奏的生活方式中，家族之中的走动也是非常频繁的。作为长辈，自然是渴望看到这种和谐相处、儿孙满堂的状态。所以，谦虚地面对长辈，同样是孝顺的一种方式。

## 故事穿越

京剧大师梅兰芳，不仅在京剧艺术上有很深的造诣，而且还是丹青妙手。他拜名画家齐白石为师，虚心求教，总是执弟子之礼，经常为白石老人磨墨铺纸，全不因为自己是一“名角儿”而自傲。

有一次，齐白石和梅兰芳同到一家人家作客，白石老人先到，但是他布衣布鞋，其他宾朋皆社会名流或西装革履或长袍马褂，所以比较之下，他显得有些寒酸，不引人注意。不久，梅兰芳到，主人高兴相迎，其余宾客也都蜂拥而上，争相与他握手。可梅兰芳知道齐白石也来赴宴，便四下环顾，寻找老师。

忽然，他看到了冷落在一旁的白石老人，他就让开别人一只只伸过来的手，挤出人群向画家恭恭敬敬地叫了一声“老师”，向他致意问安。在座的人见状很惊讶，齐白石深受感动。几天后特向梅兰芳馈赠《雪中送炭图》。

梅兰芳的祖父梅巧龄是“同光十三绝”中的一员，也是梨园行内响当当的“角儿”。在梅兰芳很小的时候，祖父就常常告诫他，要谦虚待人，要懂得“人外有人，山外有山”的道理，切勿孤傲自赏。所以，梅兰芳一直将祖父的告诫记在心中，即便是自己在京剧界有着非常高的赞誉，他同样如此。

## 故事微语

每个人的生长环境不同，可是这些都是传承下来的智慧。父亲，作为孩子们的启蒙老师，他就成为孩子心中的榜样，甚至有些孩子在童年的时候，会模仿父母的言行，而这些都会在点点滴滴间渗透到生活中。

学会谦虚、谨慎，是父亲言传身教的结果，同样也是回馈父母的方式之一。谦虚地对待父母，无论自己有多么大的成就，这些荣誉都不仅仅属于个人；谦虚地对待家人，无论自己多么富有，也不要轻易地表现出骄傲的神情，因为这样偶然的举动会伤害到亲人的尊严。

## 心灵箴言

知子莫若父。

——管仲

父亲，应该是一个气度宽大的朋友。

——[英] 狄更斯

智慧之子使父亲欢乐，愚昧之子使母亲蒙羞。

——[以色列] 所罗门

父爱和母爱是不一样的，父亲一定要看到孩子脱离母体，降临人间，才会去爱他，从第一眼看到小孩起，父亲才开始爱，父子之爱，是一种学习的爱。母爱却是自然的，从怀孕那天开始，从婴儿在母体成形那天开始，母亲就有一种很特殊的感觉，很快就变成了爱。婴儿还没有出生，就已经有了他母亲爱的关注，母爱是天生的，父爱却是后天慢慢培养的。

——古龙

# 自立自强，让父亲看到你的成长

## 故事话题

电影《背起爸爸上学》是根据甘肃青阳中学生李勇的真实事迹改编而成。李勇在很小的时候，母亲就过世了，只剩下李勇、李勇的父亲和李勇的姐姐相依为命。为了让李勇能够好好读书，他的姐姐决定远嫁他乡，用自己的彩礼钱给弟弟做学费。

有一年，李勇的家乡下了暴雨，他每天上学道路上唯一的桥被雨水淹没了。为了安全，李勇的父亲背着他走过了那座桥。在父亲的背上，李勇在心里暗暗下着决心，一定要好好学习，用自己的成绩和今后的成功来报答自己的父亲。

高考结束之后，李勇凭借着自己优异的成绩考入了大学，但是大学的学费却成为父亲心头的一块巨石。为了给儿子凑学费，父亲每天更加努力地做活，起早贪黑。一天，天色已晚，父亲仍然在田地里劳作，一个不小心，就摔倒在地上，导致半身瘫痪。

眼看着李勇马上就要去上大学了，自己不仅没能给儿子凑足学费，反而成为儿子的负担，李父心里非常难受。而李勇为了能够更好地照顾父亲，甚至想要放弃得来不易的大学学业。知道李勇的这番心思，父亲非常激动地把他喊到床边，甚至说出如果你不去上学我就去死的话。

摆在李勇面前的只有两条路：一是放弃自己的学业，在家里专心照顾父亲，可是这样一来，父亲一定非常失望和内疚；另一种是将父亲托付给老乡，自己踏上漫漫求学路，可是他并不放心。后来，他一咬牙，决定背着自己的父亲去上大学，就像当初父亲背着他上学那样。

## 故事解析

对于每一对父母而言，最大的幸福莫过于看到自己的孩子自强自立，在生活中也能够撑起一片天空。李勇虽然还是一个高三的学生，但是面对生活中的种种磨难，他从未产生过退缩，而是想法设法地解决困难。

在现实生活中，让父母看到自己成长的一面，无疑是对他们最大的回报。成长，代表着父母的每一份投入和每一滴汗水，当我们有了一点点的成就，他们的内心都感受到了极大的满足，这也是孝顺父母最好的方式。

## 故事穿越

中国近代著名的诗人、文学家徐志摩最初走上文学道路，他的父亲徐申如强烈反对，可是徐志摩却坚定自己内心的理想，没有因为孝顺就向父亲妥协，最终取得了人生的成功。

徐家世代经商，到了徐申如这一代更是如此。经过清末民初那个动荡的年代，徐申如心里非常清楚，如果想要造福一方百姓，作为一个商人，最关键的就是要“实业救国”。为此，徐申如一直重点发展自家的商业。

他创办硖石电灯股份有限公司，是浙江省最早兴建的火力发电场之一；兴建石双山丝厂，解决了当地几百名工人就业；出任县旱灾赈济委员会首席常委兼上海分会主任，专心于慈善公益事业；担任硖石商会总理、会长、主席，成为地方商业的领头羊。

在徐志摩出生之后，他的父亲一心想要将徐志摩培养成为自己的接班人，十分注重他的教育，不仅让他拜师于著名国学大师梁启超先生，还送他去英国留学学习经济。可是在徐志摩的心中，他认为自己并不适合做商人，反而更适合做文人。在英国留学的时候，他将自己的全部精力都放在了对文学的无尽追求中。

最初徐申如非常反对，父子之间多次发生争吵，但是徐志摩却不为所动，更没有因为孝顺就向父亲妥协。最终，徐志摩成功地出版了自己的诗集，一炮而红。徐申如看到儿子在文学方面的天分，最终也默认了他的选择。

## 故事微语

父母、长辈同样也都是从青春期走过，同样也是从一个什么都不懂得的孩子成长起来，但是由于时代的局限，当他们成为父母之后，又因为思想的局限性，思维已经形成了自我认知的固定模式。

就如同在徐申如的固定思维模式中，他为徐志摩安排的未来就是接替他的生意，像他一样成为地方上最成功的商人，在商业上叱咤风云。但这只是他心中的愿望，却并非是徐志摩本人的。当徐志摩决定走上文学的道路后，势必就违反了父亲的意愿。

在徐申如的心中，文学、诗歌不过是生活的调味剂，却不能成为生活的主角。可在徐志摩的心中，文学是对灵魂的诉说，最终，他坚持了自己的选择，最终成为了著名的文学家。

每一个孩子出生之后，父母都曾经满怀期许地为他们幻想过未来，但是真正的选择却要子女自己完成，毕竟每个人的人生都不可能让别人去替代。当自己的想法和父母的认知发生了冲突之后，所做的并非是毫无原则地妥协，而是积极地沟通，只有这样，才能让家庭真正和睦温馨。

## 心灵箴言

家是父亲的王国，母亲的世界，儿童的乐园。

——[美] 爱默生

有个做法官的父亲，进法庭就能够从空不迫。

——[西班牙] 塞万提斯

我爸从没夸过我 但总在很远的地方关注着我！

——那英

让自己的儿女们光宗耀祖是父亲们的主要缺点。

——[英] 伯·罗索

# 独立自主，成为家里的顶梁柱

## 6 故事话题

明朝万历时期的内阁张居正一生励精图治，致力于改革大计，但是在他过世之后，万历皇帝对他进行了一次彻底的清算，抄了他的家，甚至逼死了他年迈的母亲和他的一个儿子。在史学家眼中，这是万历皇帝的一次疯狂之举，也是张居正家族的无妄之灾。

然而，张居正的后人却并没有因为这次家族的毁灭而记恨朝廷，反而继续为国尽忠。或许在现如今我们的眼中，并不能理解张居正后人的做法，甚至会认为他们是不孝顺的，毕竟大明政府逼死了他们的亲人。但是这是人们思想领域中的盲孝。

张居正的曾孙子张同敞在崇祯皇帝即将灭亡之前，仍然奔走在为国家招募将领，准备到前线杀敌保国的途中。他的很多朋友都劝他，大明王朝气数已尽，这一次就算是张居正在世都无力回天，可是张同敞却说，先祖张居正是为国而死，作为他的子孙，我更应该保卫我的祖国。

但是，大明王朝早已是千疮百孔。当崇祯皇帝自尽于煤山之上的消息传来，张同敞没有选择隐形于世，反而跑到南明的管辖范围内，继续他的反清大计。他虽是一个文官出身的人，但在每次杀敌的时候，却能浴血奋战，这种精神激励着每一个将领。

在一次战争中，张同敞因伤被俘，最终牺牲在反清复明的道路上，被人称做真正的张居正后人。

反清复明

## 故事解析

张居正含冤数十载，可是他的后人却并未因此放弃心中的抱负，这些就是独立自主的体现。

独立自主，是每个人人生价值的最佳体现，它不因立场、时间、过去而发生种种改变，勇敢地坚持自我，完成内心的梦想，这才是父母、亲人最想看到的。

独立，并不仅仅是在金钱物质上的独立，更重要的是在思想和精神上的独立，凡事有自己的主见，并且能够为了自己的梦想发愤图强，这才是一个人真正的成长。

## 故事穿越

“民族英雄”郑成功和他的父亲郑芝龙，最初都是在海上抵抗着外国海军的入侵，尽管当时郑芝龙的身份是一名海商兼海上走私集团的头目，并不是官方认证的，可是郑芝龙的种种行为的确间接地维护了明朝的海域防线。

但是很快，这个局面就被打破了，大明王朝的灭亡让郑芝龙和郑成功有了截然不同的两种认知：郑芝龙毕竟是商人，在他的眼睛里，只有利益才是他的最终追求；而郑成功内心的归属感永远都是大明王朝。

公元 1646 年，郑芝龙正式接受了清朝招安，而“背叛”了南明隆武皇帝，对于父亲的这个决定，郑成功非常反对，他甚至跑到孔庙去哭庙、焚儒服，可是郑芝龙却并不动摇自己的决定。郑成功同样坚定自己内心忠于大明的信念。

在郑芝龙归顺了清朝之后，郑成功继续他的反清事业，可是郑芝龙最终也并没有真正得到清朝的信任。每次郑芝龙和郑成功之间的通信，都被清朝官员监视着，最终他也因为这个举动而获罪，被斩首示众。

## 故事微语

郑成功是民族英雄，可是如果要按照孝顺的标准看待，他并不算是传统的孝子。可是细想一下，他也绝非不孝，只是和父亲的认知存在着巨大的差异，仅此而已。可纵观历史就不难发现，郑成功的坚持是正确的。

在很多人心中有这样一种误区，认为孝顺父母就是要完全按照父母的意愿去做，父母不喜欢的，我们就不去做。但实际上，父辈们尽管生活经验丰富，却并不一定完全正确。更何况，每个人都有按照自己意愿去生活的权利。

不遵从父母意愿，并非就是不孝，反而按照自己的意愿努力生活，让自己强大起来，成为父母心里的骄傲，这才是真正的孝顺。

## 心灵箴言

在所有的青年人眼里，父亲是多么严厉的法官啊！

——[古罗马] 忒壬斯

父亲们最根本的缺点在于想要自己的孩子为自己争光。

——[英] 罗素

父亲！对上帝，我们无法找到一个比这更神圣的称呼了。

——[英] 华兹华斯

父亲是财源，兄弟是安慰，而朋友既是财源，又是安慰。

——[美] 富兰克林

# 心灵榜样微史话

**孔子**

孔子，名丘，字仲尼。是春秋末期鲁国陬邑人，儒家学派的创始人。是中国古代著名的思想家、教育家，有“天纵之圣”“天之木铎”之赞誉，是当时社会上的最博学者之一，被后世统治者尊为孔圣人、至圣先师、至圣、文宣皇帝、万世师表、文宣王，是“世界十大文化名人”之首。

孔子主张——“仁”“德”“礼”。而他的儒家思想对中国，乃至全世界都有深远的影响，世界各地都有孔庙祭祀孔子。

**花木兰**

花木兰（412 年—502 年），花木兰的事迹流传至今，中国古代巾帼英雄，忠孝节义，代父从军击败入侵民族而流传千古，唐代皇帝追封为“孝烈将军”。

花木兰故事的流传，应归功于《木兰辞》这一民歌，但花木兰的姓氏、籍贯等，史书并无确载。

花木兰事迹被多种文艺作品所表现，电影、电视剧、歌舞、豫剧等。

**张居正**

张居正，字叔大，号太岳，汉族，幼名张白圭。明代湖广江陵（今属湖北省荆州市）人，时人又称张江陵。

张居正是明朝中后期政治家、改革家，万历时期的内阁首辅，辅佐万历皇帝开创了“万历新政”。

张居正 5 岁识字，7 岁能通六经大义，12 岁考中秀才，13 岁时就参加了乡试，16 岁中举人。1547 年（嘉靖二十六年），23 岁的张居正考中进士。1567 年（隆庆元年）任吏部左侍郎兼东阁大学士。后迁任内阁次辅，为吏部尚书、建极殿大学士。隆庆六年，万历皇帝登基后，张居正代高拱为首辅。当时明神宗年幼，一切军政大事均由张居正主持裁决。

张居正在任内阁首辅10年中，实行了一系列改革措施。财政上：清仗田地，推行“一条鞭法”，总括赋、役，皆以银缴，“太仓粟可支十年，周寺积金，至四百余万”。军事上：用戚继光、李成梁等名将镇北边，用凌云翼、殷正茂等平定西南叛乱。吏治上：综核名实，采取“考成法”考核各级官吏，“虽万里外，朝下而夕奉行”，政体为之肃然。

1582年（万历十年）6月20日卒，年五十八，赠上柱国，谥文忠，张居正也是明代唯一生前就被授予太傅、太师的大臣。为万历所忌，死后不久即被抄家；至天启二年方恢复名誉。著有《张太岳集》《书经直解》《帝鉴图说》等。

**郑成功：**

郑成功（1624年8月26日—1662年6月22日），福建泉州南安人，汉族，明末清初军事家，明末抗清名将，民族英雄。本名森，又名福松，字明俨，字大木。隆武帝赐姓朱，号“国姓爷”。其父郑芝龙，其母名田川氏。弘光时监生，因蒙隆武帝赐明朝国姓朱，赐名成功，并封忠孝伯，世称、“郑赐姓”“郑国姓”“国姓爷”，又因蒙永历帝封延平王，称“郑延平”。

1645年清军攻入江南，不久芝龙降清、田川氏在乱军中自尽；郑乃率领父亲旧部在中国东南沿海抗清，成为南明后期主要军事力量之一，一度由海路突袭、包围清江宁府（原明朝南京），但终遭清军击退，只能凭借海战优势固守泉州府的海岛厦门、金门。1661年率军横渡台湾海峡，翌年击败荷兰东印度公司在台湾大员（今台湾台南市境内）的驻军，收复台湾，开启郑氏在台湾的统治，但不久即病死。

**徐志摩**

徐志摩（1897年1月15日—1931年11月19日），现代诗人、散文家。原名章垿，字槱森，留学英国时改名志摩。曾经用过的笔名：南湖、诗哲、海谷、谷、大兵、云中鹤、仙鹤、删我、心手、黄狗、谔谔等。徐志摩是新月派代表诗人，新月诗社成员。1915 年毕业于杭州一中，先后就读于上海沪江大学、天津北洋大学和北京大学。1918 年赴美国克拉克大学学习银行学。十个月即告毕业，获学士学位，得一等荣誉奖。同年，转入纽约的哥伦比亚大学的研究院，进经济系。1921 年赴英国留学，入剑桥大学当特别生，研究政治经济学。在剑桥两年深受西方教育的熏陶及欧美浪漫主义和唯美派诗人的影响。1923 年成立新月社。1924 年任北京大学教授。1926 年任光华大学、大夏大学和南京中央大学（1949 年更名为南京大学）教授。1930 年辞去了上海和南京的职务，应胡适之邀，再度任北京大学教授，兼北京女子师范大学教授。1931 年 11 月 19 日因飞机失事罹难。代表作品有《再别康桥》《翡冷翠的一夜》。

**老舍**

老舍（1899—1966），原名舒庆春，另有笔名絜青、鸿来、非我等，字舍予。因为老舍生于阴历立春，父母为他取名“庆春”，大概含有庆贺春来、前景美好之意。上学后，自己更名为舒舍予，含有“舍弃自我”，亦即“忘我”的意思。信仰基督教，北京满族正红旗人。

中国现代小说家、著名作家，杰出的语言大师、人民艺术家，新中国第一位获得“人民艺术家”称号的作家。代表作有《骆驼祥子》《四世同堂》剧本《茶馆》。老舍的一生，总是忘我地工作，他是文艺界当之无愧的“劳动模范”。1966 年，由于受到文革中恶毒的攻击和迫害，老舍被逼无奈之下含冤自沉于北京太平湖。

**白岩松**

白岩松，央视著名主持人。1968 年 8 月 20 日，他出生于内蒙古自治区呼伦贝尔市。在 1989 年，他从中国传媒大学新闻系毕业，开始主持《新闻周刊》《感动中国》《新闻 1+1》等节目，并且以一种“轻松、快乐、富有趣味”的主持风格，深受观众喜欢。

1993 年，白岩松参与创办了金牌栏目《东方时空》，并推出了《东方之子》。

1997 年，他开始主持大型晚会，其中包括香港回归、三峡大坝截流等节目直播。

1999 年参加了澳门回归直播、国庆五十周年庆典转播。

2003 年新闻频道创建，他开始主持《中国周刊》（后更名为《新闻周刊》）。

2000 年被授予“中国十大杰出青年”，担任 2004 和 2008 年两届奥运火炬手。在他的主持生涯中，先后多次荣获“优秀播音员主持”奖，并且在 2009 年荣获“话语主持群星会年度终身成就奖”。

## 丘吉尔

温斯顿·伦纳德·斯宾塞·丘吉尔（1874 年 11 月 30 日—1965 年 1 月 24 日），英国历史学家、政治家、画家、演说家、作家、记者。他的《不需要的战争》获 1953 年诺贝尔文学奖，著有《第二次世界大战回忆录》6 卷、《英语民族史》4 卷等。是历史上掌握英语单词词汇量最多的人之一（十二万多），被美国《展示》杂志列为近百年来世界最有说服力的八大演说家之一，曾荣获诺贝尔和平奖提名。1940—1945 年、1951—1955 年期间曾两度任英国首相，被认为是 20 世纪最重要的政治领袖之一，带领英国获得第二次世界大战的胜利。1929 年至 1965 年临终，连续 36 年担任英国布里斯托大学校长。2002 年，BBC 举行了一个名为“最伟大的 100 名英国人”的调查，结果丘吉尔获选。

## 爱因斯坦

阿尔伯特·爱因斯坦，著名的德国物理学家。是相对论的奠基者，更是 20 世纪两位最重要的物理学家之一。

1879 年，爱因斯坦出生于德国乌尔姆市的一个犹太人家庭，在 1900 年，他顺利地从苏黎世联邦理工学院毕业。

1905 年，获苏黎世大学哲学博士学位，曾在伯尔尼专利局任职，并且担任苏黎世联邦理工学院的教授。

在 1913 年，他重新返回德国，并且担任了柏林威廉皇帝物理研究所所长和柏林洪堡大学教授，当选为普鲁士皇家科学院院士。

在 1933 年，爱因斯坦到了英国。在英国，他被格拉斯哥大学授予荣誉法学博士学位。由于当时受到纳粹政权的迫害，万般无奈之下，爱因斯坦只能脱离德国到美国，担任普林斯顿高等研究所教授，从事理论物理研究工作。

1940 年写了一篇著名论文——《我不信仰一个人格化的神》。

1955 年 4 月 18 日，病逝于普林斯顿。

**戴高乐**

夏尔·戴高乐，法兰西第五共和国的创建者、法国政治家、外交家、作家。于 1913 年从军参加第一次世界大战，第二次世界大战期间创建并领导自由法国政府（法兰西民族委员会）抗击德国的侵略；在战后成立法兰西第五共和国并担任第一任共和总统。在他总统任期间，提倡东西方“缓和与合作”，主张与苏联以及东欧国家进行贸易和文化交流。1964 年他承认中华人民共和国，他还主张美军退出越南，并周游许多国家以加强法国国际地位。并且戴高乐支持发展核武器、制定泛欧洲外交政策、努力减少美国和英国的影响。这一系列思想政策被称为“戴高乐主义”。2005 年，法国国家二台举行的“法国十大伟人榜”评选，电视观众评选戴高乐为法国历史上最伟大的人 。

**塞万提斯**

米格尔·德·塞万提斯·萨维德拉（1547 年 9 月 29 日—1616 年 4 月 23 日），西班牙小说家、剧作家、诗人。出生于马德里附近的埃纳雷斯堡，塞万提斯被誉为西班牙文学世界里最伟大的作家。评论家们称他的小说《堂·吉诃德》是文学史上的第一部现代小说，同时也是世界文学的瑰宝之一。

塞万提斯的作品相当独特。他通过嘲弄性地模仿已经开始衰退的文学潮流，例如骑士小说，来创造出另一种富有生气的小说类型——复调小说。这种小说凭借一种“虚构之外的游戏”掺杂了宇宙观与世界观，甚至复杂地与现实混合在一起。

在当时，英雄史诗也可以采用散文的形式，他略带嘲讽地以对洛佩·德·韦加的戏剧中经典人物的修改，创造了现实主义的准则，并将其推广到欧洲，其在整个欧洲的追随者比在西班牙本地要多得多。

整个 19 世纪的现实小说都被他这位“教师”所影响。塞万提斯对于世界文学的影响是巨大的，甚至连西班牙语都因此被称为“塞万提斯的语言”。

# 心灵修养用语微解

**感恩**：对别人所给的帮助表示感激，是对他人帮助的回报。

**独立**：指单独的站立或者指关系上不依附、不隶属。依靠自己的力量去做某事。

**幸福**：是指一个人同时处于爱和被爱状态而产生喜悦、满足和感恩、富足的心理感受。

**自强**：亦作“自彊”，指自己努力图强。《楚辞•九章•怀沙》：“惩连改忿兮，抑心而自强。”

**包容**：指容纳；宽容大度。语出《汉书•五行志下》：“上不宽大包容臣下，则不能居圣位。”

**孝顺**：原指爱敬天下之人、顺天下人之心的美好德行。后多指尽心奉养父母，顺从父母的意志。

**善良**：纯真温厚，没有恶意，和善，心地好。亦指和善而不怀恶意的人，说明一个人的品质好。

**沟通**：是人与人之间、人与群体之间思想与感情的传递和反馈的过程，以求思想达成一致和感情的通畅。

**陪伴**：指随同做伴。元乔吉《小桃红•点鞋枝》曲：“月牙脱出宫莲瓣，虽然草木，不堪憔悴，陪伴玉纤纤。”

**珍惜**：是及时的诠释，及时地做事，及时地爱人，及时地感恩，及时地生活，珍惜永远和幸福，和知足在一起，而远离后悔和贪婪。

**动力**：动力即一切力量的来源，主要分为机械类和管理类。1. 使机械作功的各种作用力，如水力、风力、电力、热力等。 2.比喻对工作、事业等前进和发展起促进作用力量。

**谦虚**：指虚心，不夸大自己的能力或价值；没有虚夸或自负；不鲁莽或不一意孤行。语出《诗·小雅·角弓》：“今王不以善政启小人之心，则无肯谦虚以礼相卑下，先人后己，用此居处，敛其骄慢之过者。”

**情绪**：是对一系列主观认知经验的通称，是多种感觉、思想和行为综合产生的心理和生理状态。最普遍、通俗的情绪有喜、怒、哀、惊、恐、爱等，也有一些细腻微妙的情绪如嫉妒、惭愧、羞耻、自豪等。

**四世同堂**：指祖孙四代共同生活，无一人离世。即曾祖、祖父、父亲、儿子。

**换位思考**：是设身处地为他人着想，即想人所想、理解至上的一种处理人际关系的思考方式。人与人之间要互相理解，信任，并且要学会换位思考，这是人与人之间交往的基础：互相宽容、理解，多去站在别人的角度上思考。